U0644496

2023 全球鲜食玉米种业及产业发展报告

北京种业协会
北京作物学会   组编

赵久然   主编

中国农业出版社
北 京

编 写 委 员 会

前　言　FOREWORD

鲜食玉米是收获和食用鲜嫩果穗的玉米类型，具有营养物质丰富、口感风味独特、富含膳食纤维等优点，已成为我国主要的果蔬类农产品之一，也是全球流行的营养均衡健康食品。同时，鲜食玉米还具有种植效益好、产品附加值高、用途广泛等优点，已成为农民增收致富的新亮点和老百姓"菜篮子"的新成员，近年来在我国脱贫攻坚战、乡村振兴战略实施、农业高质量发展中，都发挥了重要支撑作用。

我国作为农业大国，党中央、国务院始终高度重视农业发展，不断加大投入、完善农业支持政策以稳定粮食生产。习近平总书记在党的二十大报告中指出，"树立大食物观、构建多元化食物供给体系。"从更好满足人民美好生活需要出发，顺应人民群众食物消费结构变化，开发丰富多样的食物品种，实现各类食物供求平衡。发展鲜食玉米生产，尤其是既好种好销又好吃的鲜食玉米生产，契合"大食物观"发展要求。2020 年，北京市发布《北京现代种业发展三年行动计划（2020—2022 年）》，其中将特色玉米作为 12 大重点发展物种之一，强调培育具有竞争力的优良品种、优质企业和优秀品牌，形成具有源头性领先优势的种业科技成果，立足北京，协同津冀，带动全国，引领我国种业及产业创新高质量发展。2021 年，北京市发布《北京市"十四五"时期农业科技发展规划》（京政农发［2021］138 号）提出，要"开展加工专用型、营养强化型、宜机化、多抗性的玉米新品种培育，重点加大蔬菜、西瓜、鲜食玉米等专用特色品种选育"。在国家、农业农村部及北京市的各项政策支持和引导下，同时我国消费结构也在不断升级，鲜食玉米产业迅速发展，种植面积已达到 2 600 万亩以上，在基础科学研究、种质创新及新品种选育、种子生产销售与推广、产品加工与流通等方面都取得了显著的进展和成效，鲜食玉米基础研究与品种选育单位、种子企业数量大幅增加，品种数量"爆发式"增长，种植面积逐步扩大，产品种类日益多元。我国已成为全球最大的鲜食玉米生产国和消费国，特别是在糯玉米和甜加糯玉米方面，形成国际领先优势，中国特色显著。

《2023 全球鲜食玉米种业及产业发展报告》由北京市农林科学院玉米研究所、北京种业协会和北京作物学会共同完成，分为 3 篇共 18 章。书中部分全球性数据来自联合国粮农组织（FAO）和美国农业部网站（USDA），以及 Web of Science 核心数据库。由于我国及全球大部分国家并没有对鲜食玉米产业数据进行全面统计，因此书中也包括相关种子协会、研究机构等多年积累的实地调研数据。第一篇介绍全球鲜食玉米种业及产业发展现状，涵盖近年来全球鲜食玉米种植生产、种业科技创新、加工、消费、贸易、价格等产业链各环节内容。第二篇介绍中国鲜食玉米种业及产业发展现状，涵盖中国鲜食玉米种植生产、种业科技创新、加工、消费、政策等各环节内容，并重点介绍了我国鲜食玉米基础研究、育种、生产推广、加工、流通等领域的重要代表。第三部分对我国鲜食玉米种业及产业存在的问题进行分析，并对未来鲜食玉米产业发展提出建议并进行展望。本书通过对国内外鲜食玉米产业现状的全面综述和深入分析，将对我国鲜食玉米在种质创新及品种培育方向、良法良种配套、加工流通行业发展等方面起到积极指导和促进作用。

本书可为从事鲜食玉米育种研发、种植生产、基础研究、鲜食玉米加工、流通、贸易等全产业链相关人员提供参考借鉴。因鲜食玉米产业链长、涉及面广，书中难免会出现疏漏和不足之处，恳请专家和读者多提宝贵意见，我们将在今后不断完善提高。

编者

2024 年 9 月

目　录　CONTENTS

前言

引言 ·· 1

一、鲜食玉米是玉米的一种重要特殊类型 ···················· 1

二、鲜食玉米是人类膳食营养均衡的重要组成 ················ 2

三、鲜食玉米是实施乡村产业振兴的重要抓手 ·············· 5

第一篇　全球鲜食玉米种业及产业发展现状

第一章　全球鲜食玉米发展概况 ································ 9

第二章　全球鲜食玉米生产情况 ······························ 11

一、全球鲜食玉米种植区域 ····························· 11

二、全球鲜食玉米产量分析 ····························· 14

三、全球鲜食玉米主要生产国家 ························· 15

四、鲜食玉米生产影响因素分析 ························· 16

第三章　全球鲜食玉米种业发展情况 ························ 20

一、全球鲜食玉米育种科技创新情况 ····················· 20

二、全球鲜食玉米种业发展特点 ························· 28

三、全球鲜食玉米主要种子企业 ························· 30

第四章　全球鲜食玉米加工情况 ···································· 33

一、全球鲜食玉米加工概况 ······································ 33

二、全球鲜食玉米主要加工产品 ·································· 33

三、主要国家鲜食玉米加工情况 ·································· 35

第五章　全球鲜食玉米消费情况 ···································· 37

一、全球鲜食玉米消费概述 ······································ 37

二、部分国家鲜食玉米消费情况 ·································· 38

三、全球鲜食玉米消费影响因素分析 ······························ 39

第六章　全球鲜食玉米贸易与价格分析 ···························· 40

一、全球鲜食玉米贸易分析 ······································ 40

二、全球鲜食玉米价格分析 ······································ 41

第七章　基于 SCI 论文的全球鲜食玉米发展态势分析 ·············· 46

一、数据来源 ·· 46

二、结果与分析 ·· 46

第八章　基于专利的全球鲜食玉米研发态势分析 ···················· 53

一、数据来源 ·· 53

二、结果与分析 ·· 53

第二篇　中国鲜食玉米种业及产业发展现状

第九章　中国鲜食玉米生产情况 ···································· 61

一、产业发展概况 ·· 61

二、种植区域分布 ·· 63

三、产量情况 ·· 64

四、品质提升路径 ·· 64

五、生产影响因素分析 ……………………………………………………… 65

第十章 中国鲜食玉米种业情况 ……………………………………………… 66

一、种业发展特点 …………………………………………………………… 66

二、种业创新进展 …………………………………………………………… 71

三、育种技术进展 …………………………………………………………… 81

四、北京鲜食玉米种业情况 ………………………………………………… 83

第十一章 基于论文与专利下中国鲜食玉米育种领域科技发展情况 ……… 85

一、基于 SCI 论文的中国鲜食玉米育种领域科技发展概况 …………… 85

二、基于专利的中国鲜食玉米育种领域科技发展概况 ………………… 87

第十二章 中国鲜食玉米加工情况 …………………………………………… 90

一、加工产业概况 …………………………………………………………… 90

二、主要加工产品 …………………………………………………………… 90

三、加工企业发展概况 ……………………………………………………… 92

第十三章 中国鲜食玉米消费情况 …………………………………………… 94

一、消费结构变化 …………………………………………………………… 94

二、消费情况分析 …………………………………………………………… 94

三、主要销售方式 …………………………………………………………… 99

第十四章 中国鲜食玉米产业重要领域代表介绍 ………………………… 101

一、主要基础研究单位 …………………………………………………… 101

二、主要育种单位 ………………………………………………………… 102

三、主要种业企业 ………………………………………………………… 102

四、代表性品种 …………………………………………………………… 105

五、主要生产省份 ………………………………………………………… 110

六、代表性种植基地 ……………………………………………………… 114

七、主要加工企业 ………………………………………………………… 118

八、代表性流通商 ………………………………………………………… 125

第十五章　中国鲜食玉米产业政策 ································· 131

一、生产支持政策 ······································· 131

二、加工政策 ··· 132

三、流通政策 ··· 133

四、支持新型农业合作组织发展 ······················· 133

五、部分地区情况 ······································ 134

第三篇　中国鲜食玉米种业及产业发展展望

第十六章　中国鲜食玉米产业存在的问题 ······················ 139

一、技术方面 ··· 139

二、加工方面 ··· 140

三、销售方面 ··· 141

第十七章　中国鲜食玉米产业发展建议 ······················· 142

一、生产发展建议 ······································ 142

二、种业创新发展建议 ·································· 143

三、加工产业发展建议 ·································· 144

四、消费市场建议 ······································ 144

五、加强产权保护，营造良好种业生态 ················· 145

第十八章　中国鲜食玉米产业展望 ··························· 146

一、品种更加优质化、多元化、营养强化 ··············· 146

二、配套技术更加绿色化、机械化、智能化 ············· 146

三、加工产品更加细分化、新颖化、品牌化 ············· 146

四、消费趋势更加普及化、个性化、主食化 ············· 147

五、鲜食玉米种业及产业进入高质量发展新阶段 ········· 147

引　言

一、鲜食玉米是玉米的一种重要特殊类型

玉米是全球及我国种植范围最广、总产量最高的粮食作物，也是种业市值最高的作物。同时，玉米中的专用类型——鲜食玉米（包括甜玉米、糯玉米、甜加糯玉米、笋玉米等）也已经成为最主要的果蔬类农产品之一，对我国粮食安全、饲料保障、种源安全及食品安全等都至关重要。

玉米属禾本科玉蜀黍属。起源地为现在的墨西哥等中南美洲地区。人类驯化种植玉米已有近万年历史。随着玉米的驯化、变异与选择，玉米有多种多样的类型。

从生物学角度，即主要依据籽粒形态和成分来划分，玉米可分为马齿型、硬粒型、半马齿型、粉质型、甜质型、甜粉型、爆裂型、蜡质型和有稃型9种类型。其中，硬粒型、马齿型、半马齿型是大田普通玉米生产中常见的类型，蜡质型就是常说的糯玉米或黏玉米，甜质型即甜玉米，而爆裂型是主要用作爆米花的玉米。

按收获物和用途来划分，可将玉米分为籽粒玉米、青贮玉米、鲜食玉米三大类。通常所说的普通玉米或大田玉米，一般是指籽粒玉米，其收获物是成熟期的籽粒含水率较低的干玉米粒，主要用于口粮、精饲料和工业加工原料等。目前，在很多国家和地区仍将成熟的玉米干籽粒作为主要口粮或主要食物来源。青贮玉米是指在玉米籽粒灌浆的乳熟末期至蜡熟初期，收获包括玉米的鲜绿茎叶、果穗等在内的地上部分，经切碎、加工和发酵之后，用于牛羊等草食牲畜的饲料。与前两种不同的是，鲜食玉米收获和食用的是玉米鲜嫩果穗或籽粒，属于果蔬类农产品，像水果、蔬菜一样收获、保存、储运、加工和食用等。鲜食玉米还可进一步细分为甜玉米、糯玉米、甜加糯玉米、笋玉米等几种类型。

2000年之前，中国并没有明确的"鲜食玉米"这一概念，一直将甜玉米、糯玉米与高油、高淀粉、高蛋白等类型混称为特用玉米。直至 2001 年，农业部全国农业技术推广服务中心组织专家制定国家玉米品种区域试验及审定办法时，北京市农林科学院赵久然研究员提出应将玉米品种根据其主要的收获物和用途，划分为籽粒玉米、鲜食玉米和青贮玉米三种类型并分别进行试验与审定，此后"鲜食玉米"一词才通过国家区试途径被正式确定和传播。需要特别指出的是，欧美大部分国家仅以甜玉米作为鲜食玉米，糯玉米仅是用于支链淀粉等专用淀粉的生产。近年来，随着中国糯玉米的快速发展和大量出口，具有中国特色的鲜食糯玉米产品在欧美地区也开始成为流行食品。

二、鲜食玉米是人类膳食营养均衡的重要组成

习近平总书记在党的二十大报告中指出，"树立大食物观、发展设施农业、构建多元化食物供给体系。"树立大食物观，就是从更好满足人民美好生活需要出发，顺应人民群众食物消费结构变化，开发丰富多样的食物品种，实现各类食物供求平衡，更好地满足人民群众日益多元化的食物消费需求。另外，也要制定针对性消费引导和营养干预政策，在全社会积极引导并树立食物消费新观念，推动居民膳食结构优化与升级，并以此促进农业生产结构调整。

随着我国人民生活水平的日益提高、消费观念的升级转变，人们的日常营养需求也日益多元化、全面化、均衡化。据报道，人们对大米、白面等直接口粮的消费在逐渐降低，而通过肉、蛋、奶等对粮食的间接消费在上升，这意味着，我国的食物结构已经面临着向更多样、更营养、更健康的"大食物"方向发展。

我国人均口粮消费总体呈下降趋势。国家统计局数据显示，2022 年人均口粮消费量 136.8 千克，较 2013 年下降 8.0%（图 0-1）；2013—2022 年，我国居民人均肉类和蛋类消费量整体呈上升趋势。2022 年，人均肉类消费量为 34.6 千克，较 2013 年增长 35.2%；人均蛋类消费量为 13.5 千克，较 2013 年增长 64.6%（图 0-2）。

根据国际营养科学联合会推荐，成年人每日蛋白质摄入总量应为 55～65 克，为每日总热量的 10%；碳水化合物类的摄取量随个人热量需要而定，建议占总热量的 45%～55%，不少于 20%；脂肪的摄取量不宜超过总热量的 25%～30%；膳食纤维的需求量为 20～30 克；每日需水量按每千克体重 30～45 毫升来计算。另外，还需要摄入定量的 13 种维生素、17 种矿物质和 8 种人

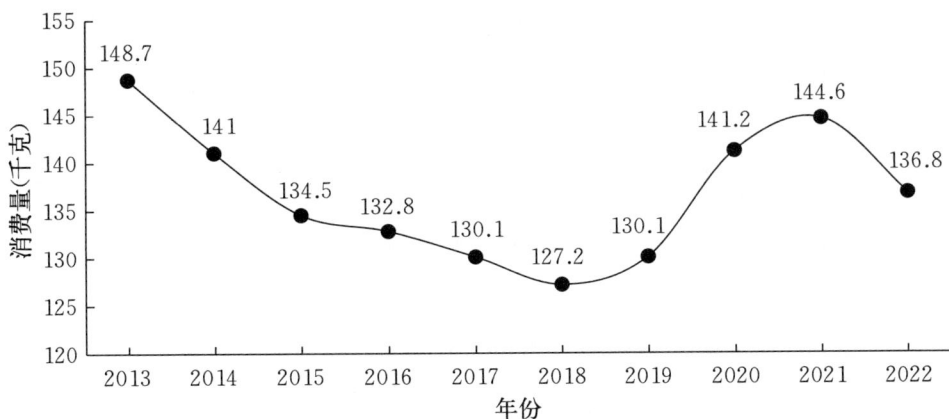

图 0-1　2013—2022 年中国人均粮食消费量
（数据来源：国家统计局）

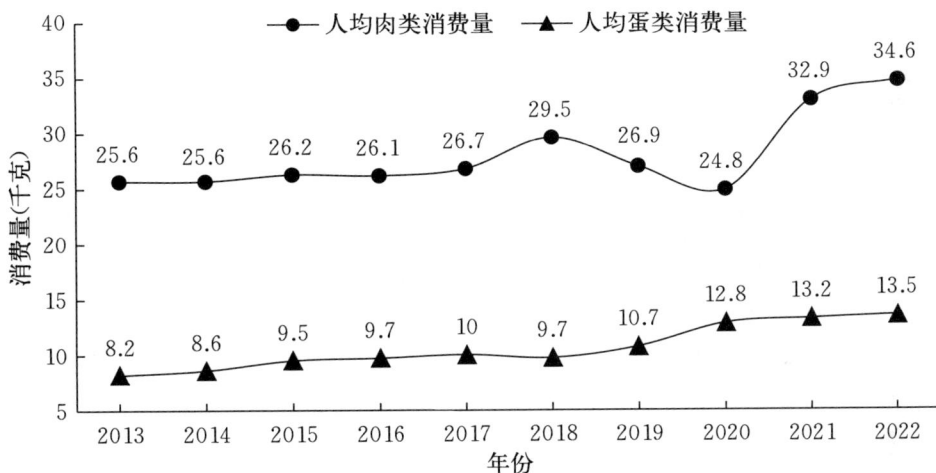

图 0-2　2013—2022 年中国人均肉类和蛋类消费量
（数据来源：国家统计局）

体必需氨基酸，以保证长期情况下人体健康。

　　从营养价值来看，鲜食玉米营养物质极其丰富，既有淀粉、糖分等碳水化合物能量类营养，也有油分、蛋白质以及多种氨基酸、丰富的维生素及矿物质等，更有大量的膳食纤维及鲜食玉米的特殊风味、口感、食味品质等。如甜玉米含有丰富的蔗糖、葡萄糖、果糖和麦芽糖等自然态双、单糖（表 0-1），正是由于这些糖分的综合作用，使甜玉米品尝起来不但甜度高，而且果味口感十足。同时，甜玉米还含有丰富的膳食纤维，但脂肪含量较低。甜玉米含有钙、锌、铁、硒等多种元素以及烟酸、生物碱等抗氧化物质，含有十多种维生素，尤其是含对人类健康有积极作用的维生素 A、B 族维生素、维生素 C 较多，其维生素 C 含量高达 6.80 毫克/100 克。甜玉米含有丰富的蛋白质和人体需要的氨基酸，其中赖氨酸较普通玉米高 1 倍。甜玉米不含胆固醇，富含不饱和脂肪酸。糯玉米中富含多种氨基酸，其胚乳中淀粉几乎 100％ 为支链淀粉，具有绵软清香的口感。黄色甜玉米和糯玉米还含有保健作用较大的核黄素和玉米黄质。因此，鲜食玉米是全球性公认的果蔬类健康食品，并可进一步开发为营养强化的功能性食品。

表 0-1　甜玉米（黄色、鲜样品）籽粒营养成分

主要成分		每百克含量	单位
水分		76.00	克
能量		86.00	千卡
蛋白质		3.27	克
脂肪		1.35	克
碳水化合物		18.70	克
膳食纤维		2.00	克
蔗糖		0.89	克
葡萄糖		4.43	克
果糖		1.94	克
总饱和脂肪酸		0.325	克
总单不饱和脂肪酸		0.432	克
总多不饱和脂肪酸		0.487	克
胆固醇		0	克
矿物质	钙	2.00	毫克
	铁	37.00	毫克
	磷	89.00	毫克
	钾	270.00	毫克
	钠	15.00	毫克
	锌	0.46	毫克
	铜	0.054	毫克
	锰	0.163	毫克
	硒	0.60	微克
维生素	维生素 C	6.80	毫克
	维生素 B_1	0.155	毫克
	维生素 B_2	0.055	毫克
	维生素 B_3	1.77	毫克
	维生素 B_5	0.717	毫克

（续）

主要成分		每百克含量	单位
维生素	维生素 B_6	0.093	毫克
	叶酸	42.00	微克
	胆碱	23.00	毫克
	维生素 A	9.00	微克
	类胡萝卜素	63.00	微克
	玉米黄素	115.00	微克
	叶黄素＋玉米黄质	644	微克
氨基酸	色氨酸	0.023	克
	苏氨酸	0.129	克
	异亮氨酸	0.129	克
	亮氨酸	0.348	克
	赖氨酸	0.137	克
	甲硫氨酸	0.067	克
	胱氨酸	0.026	克
	苯丙氨酸	0.150	克
	酪氨酸	0.123	克
	缬氨酸	0.185	克
	精氨酸	0.131	克
	组氨酸	0.089	克
	丙氨酸	0.295	克
	天冬氨酸	0.244	克
	谷氨酸	0.636	克
	甘氨酸	0.127	克
	脯氨酸	0.292	克
	色氨酸	0.153	克

数据来源：美国农业部。

三、鲜食玉米是实施乡村产业振兴的重要抓手

2016 年，我国提出供给侧结构性改革，强调在适度扩大总需求的同时，去产能、去库存、降成本、补短板，减少无效和低端供给，扩大有效和中高端供给。2018 年中央农村工作会议上提出要走"质量兴农之路""加快推进农业由增产导向转向提质导向"。2018 年中央 1 号文件强调，必须坚持质量兴农、

绿色兴农。2018 年 2 月，农业农村部发布《关于大力实施乡村振兴战略加快推进农业转型升级的意见》，指出今后一个时期内农业农村经济工作要按照高质量发展要求，推动农业尽快由总量扩张向质量提升转变，唱响质量兴农、绿色兴农、品牌强农主旋律，提高农业绿色化、优质化、特色化、品牌化水平，加快推进农业转型升级。习近平总书记提出树立大食物观，也是我国农业供给侧改革的重要内容。

近几年来，全国贯彻落实供给侧改革及调转节发展要求，大力发展特色化、优质化农业产业，取得显著成果。同时，随着居民收入水平逐年提高，消费者对农业发展提出了更高期待，农产品关注度由以往的"有无"转变为现在的"质优"，以及多样化、特色化。高质量产品消费将从少数群体转向社会大众，从季节性转向常态性，更好地满足高收入群体和中等收入阶层个性化、多样化、品质化的需求，让发展型、享受型消费需求持续释放，为农业发展提供不竭的动力。

与普通籽粒玉米以及蔬菜相比，鲜食玉米在其籽粒灌浆乳熟期采收鲜果穗，种植周期短，省工省时，种植方法比较简便，投入成本低。从营养价值来看，鲜食玉米营养丰富，含有多种维生素和矿物质，富含氨基酸、膳食纤维等，是全球性流行的营养均衡健康食品。因此，发展鲜食玉米生产，尤其是好种、好销又好吃的营养强化型鲜食玉米生产，有序统筹推进农业结构调整，正契合农业供给侧改革提出的不断提升品质，适应市场需求的要求，是农业调转节、供给侧改革的需要，是我国实施乡村振兴的重要抓手，是满足市场多样化需求和市民美好生活的需要。

第一篇 全球鲜食玉米种业及产业发展现状

第一章　全球鲜食玉米发展概况

从全球范围来看，鲜食玉米主要包括甜玉米、糯玉米，以及近年发展起来的甜加糯玉米，还有少量的笋玉米等，其中甜玉米和糯玉米是两个主要类型。与普通籽粒玉米相比，甜玉米和糯玉米二者都是因为基因自然变异导致籽粒灌浆过程中糖分和淀粉的合成与积累发生变化而形成的特殊类型。甜玉米乳熟期口感甜脆多汁，成熟期淀粉含量较普通玉米大大降低，超甜型甜玉米籽粒成熟期的淀粉含量仅有5%左右。糯玉米乳熟期口感黏软清香，成熟期淀粉含量较普通玉米无明显差异，但淀粉类型几乎100%是支链淀粉。甜加糯玉米是在甜玉米、糯玉米的基础上，由中国育种家创新选育成功的一种鲜食玉米新类型，其果穗上同时具有甜、糯两种籽粒，形成以糯为主、糯中带甜的口感品质。笋玉米是未授粉的玉米幼嫩雌穗（包括玉米穗轴），于玉米吐丝期（花丝1~3厘米时）采收，作为蔬菜食用。

甜玉米起源于美洲，早在600年前，美洲的印第安人就已经开始种植和食用甜玉米。1779年，欧洲一支远征考察队从美洲印第安人耕作地里发现了被称作Papoon的甜玉米果穗并带回欧洲，之后逐渐在欧洲、亚洲等地发展利用起来。美国是世界上对甜玉米育种研究和利用最早的国家，1844年育成第一个有正式命名的甜玉米品种Darlings Early，是很多重要甜玉米品种的前身。至1899年，美国的种子公司已经销售63个甜玉米品种。但此时，甜玉米鲜果穗还是一种奢侈品，仅仅在夏季美国的东北部和中北部，以及加拿大南部上市。20世纪50年代初，美国发现超甜玉米基因 *shrunken2*（*sh2*）。20世纪60年代，美国育成第一个超甜玉米品种伊利诺伊Xtra，这对美国及全球现代甜玉米产业化发展起到了极大促进和推动作用。至20世纪80年代，甜玉米已在美国、加拿大等地广泛种植，并成为一种重要蔬菜。日本、中国台湾的甜玉米产业在之后也得到迅速发展。今天，甜玉米几乎在全球各洲都已有广泛种植和加工。

糯玉米起源于中国，是玉米在 16 世纪传入中国广泛种植之后，发生自然变异而形成的一种新类型，中国西南地区是公认的糯玉米起源中心。经当地劳动人民发现和留种，以及不断地"择优留种"选择，定型为现在的糯玉米类型。中国糯玉米种植历史悠久，种质资源较丰富，特别是 21 世纪以来，发展非常迅速，在鲜食糯玉米的种质创制、品种选育、产业化推广等方面均处于国际领先地位，目前已成为全球最大的鲜食糯玉米生产国和消费国。20 世纪初，糯玉米传入美国，最初仅在遗传试验中种植，1936 年开始大规模商业杂交育种。随着糯玉米用途的不断扩大、影响力的不断提升，源自中国的糯玉米目前已在世界多个地区种植和利用。

甜加糯型鲜食玉米，是由中国育种家提出并选育成功的新型鲜食玉米。该类型玉米首先利用糯质（$wxwx$）与甜质（$sh2sh2$）玉米杂交，创制出甜糯双隐性基因聚合的种质，再将该类型种质与糯玉米杂交，获得在 F_1 代植株同一个果穗上甜、糯两种籽粒共存且呈现出 1∶3 分离的果穗，口感上以糯为主，糯中带甜，因此称其为甜加糯玉米。甜加糯玉米一经推广便深受消费者青睐，近年来发展非常迅速，已成为中国鲜食玉米的一个重要发展方向，其产品也出口至美国、韩国等多个国家。

泰国是世界上主要的笋玉米生产国，在中部、西部和东北部地区都有种植。除了满足于国内需求外，还出口至美国、欧洲等地。中国、印度、巴西等国也有笋玉米种植。限于人工收获、需求因素等，笋玉米在全球范围内种植面积较小，在本报告中不作为主要内容。

第二章　全球鲜食玉米生产情况

一、全球鲜食玉米种植区域

从全球来看，鲜食玉米种植较为广泛，其中甜玉米种植面积约134万公顷（约2 010万亩①），主要分布在北美洲、拉丁美洲、亚洲、欧洲、非洲等地。目前，亚洲是全球甜玉米种植面积最大的地区，也是全球甜玉米增长最快的地区。糯玉米主要在亚洲种植，如中国、韩国及东南亚等。中国是种植糯玉米的主要国家，2023年种植面积为80万公顷（1 200万亩）以上，远超过其他东南亚国家。同时，中国也是全球最大的种植甜加糯玉米的国家，其种植面积46.7万公顷以上。美国也有糯玉米种植，但主要用于收获干籽粒用作支链淀粉的生产。从地理位置和气候条件看，全球鲜食玉米主产区主要分布在北半球温带和热带地区。

1. 北美洲甜玉米种植情况

美国是全球甜玉米产业发展最早的国家，目前各州基本都有甜玉米种植。据美国农业部数据统计（图2-1），2002年美国甜玉米种植面积为28.58万公顷（428.7万亩），2012年种植面积为24.33万公顷（364.95万亩）。至2022年，甜玉米种植面积为14.37万公顷（215.55万亩），较2002年前下降49.7%。

美国农业部数据显示，2022年美国甜玉米种植面积最大的五个州分别是明尼苏达州、华盛顿州、佛罗里达州、加利福尼亚州和佐治亚州。其中明尼苏达州种植面积3.94万公顷（59.1万亩），收获面积3.79万公顷（56.85万亩），主要用于鲜果穗销售和加工。华盛顿州种植面积2.91万公顷（43.65万亩），收获面积2.81万公顷（42.15万亩），主要用于鲜果穗销售和加工。佛罗里达

---

① 亩为非法定计量单位，1亩≈667米²。

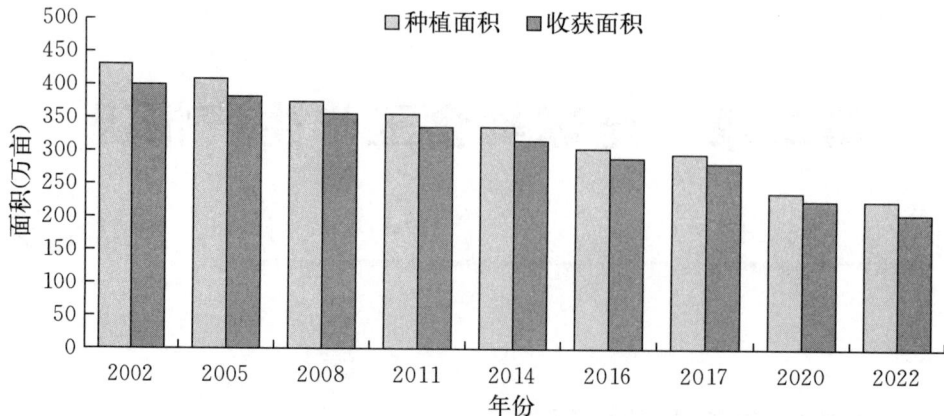

图 2-1 2002—2022 年美国甜玉米种植面积和收获面积

州种植面积 1.2 万公顷（18 万亩），收获面积 1.1 万公顷（16.5 万亩），主要用于鲜果穗销售。加利福尼亚州种植面积 1.05 万公顷（15.75 万亩），收获面积 1.04 万公顷（15.6 万亩），主要用于鲜果穗销售。佐治亚州种植面积 9 307 公顷（13.96 万亩），收获面积 8 983 公顷（13.48 万亩），主要用于鲜果穗销售。

加拿大甜玉米种植面积近 20 年来处于下降趋势。根据 FAO 统计数据，2001 年，加拿大甜玉米收获面积为 32 477 公顷（48.72 万亩），至 2021 年，收获面积下降至 16 824 公顷（25.24 万亩），20 年间减少近 50%。2022 年收获面积为 16 519 公顷（24.8 万亩）。

2. 亚洲甜玉米种植情况

21 世纪以来，中国甜玉米产业快速增加，目前种植面积已约 700 万亩，已超过美国成为全球甜玉米第一生产大国，占全球甜玉米面积的 30% 以上，并仍呈现出稳中有增的态势。广东、云南、广西等是中国甜玉米种植生产的主要省份，占中国甜玉米总种植面积的一半以上。

泰国是亚洲甜玉米发展较早且较快的国家之一，根据调研，目前泰国甜玉米种植面积在 120 万亩以上，主要种植类型为热带甜玉米，占全球热带甜玉米的 1/3。

日本是甜玉米发展较早的国家，据 FAO 统计数据，2006 年，日本甜玉米收获面积为 25 400 公顷（38.1 万亩），至 2022 年，甜玉米收获面积为 21 095 公顷（31.6 万亩），主要分布在北部札幌市，中部千叶县、栃木县、静冈县等地。

3. 欧洲甜玉米种植情况

欧洲甜玉米于 1970 年开始发展起来，目前甜玉米种植面积约 70 000 公顷

（105 万亩），主要集中在法国、匈牙利、波兰、西班牙、意大利等。法国是欧洲最早发展甜玉米的国家，2021 年，法国甜玉米种植总面积为 22 120 公顷（33.18 万亩），约占欧洲总种植面积的 31%，收获面积 21 739 公顷（32.61 万亩），主要分布在法国西南部，其中 94% 在 Nouvelle - Aquitaine（新阿基坦大区），6% 在 Occitania（奥克西坦尼大区）。

匈牙利甜玉米种植面积近年来有所下降，2017 年为 36 623 公顷（54.93 万亩），至 2021 年甜玉米种植面积为 29 452 公顷（44.18 万亩），但仍然是欧洲最大的甜玉米生产国，占欧洲甜玉米总种植面积的 42%（图 2 - 2）。主要集中在匈牙利东部 Hajdú - Bihar 县，占 30% 以上；另外，在匈牙利南部、东北部等都有甜玉米种植。

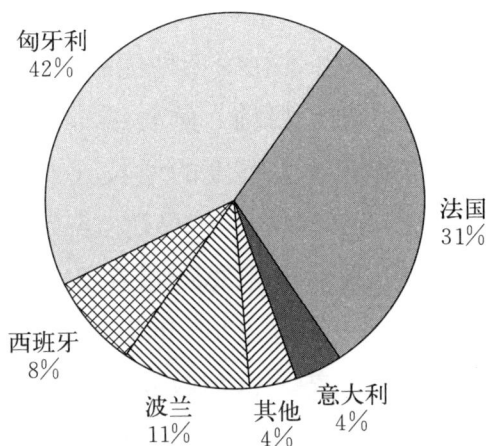

图 2 - 2　欧洲甜玉米主要种植国家及占比

数据来源：AGPM sweet corn，FAO。

波兰甜玉米种植面积为 7 713 公顷（11.57 万亩），占欧洲总种植面积的 11%；西班牙甜玉米种植面积为 5 610 公顷（8.42 万亩），占欧洲总种植面积的 8%；意大利甜玉米种植面积约为 2 800 公顷（4.2 万亩），占欧洲总种植面积的 4%。其中 50% 以上集中在意大利北部艾米利亚-罗马涅，约 40% 集中在伦巴第，其余在威尼托种植。

4. 全球糯玉米种植情况

中国是全球第一大糯玉米生产国，鲜食糯玉米年种植面积达 1 200 万亩以上，在中国东北、华北、黄淮、西南、东南等各个区域均有种植。近年来，甜加糯玉米的育成及推广，使得甜加糯玉米成为中国鲜食糯玉米的另一主要类型，种植面积已达 700 万亩左右，主要种植区域包括京津冀、长三角、珠三角、云贵川等多个重点集中区域，并逐步扩展至全国。随着经济发展、市场对鲜食玉米品质要求的提升，甜加糯型玉米在中国种植面积将继续上升，并将会引领国际上该类型玉米发展。

美国也是糯玉米种植面积较大的国家，但主要收获成熟干籽粒用于生产支链淀粉。越南等东南亚国家受我国的影响和带动，种植和食用鲜食糯玉米的种植户和消费者越来越多，种植和消费快速增加，仅京科糯 2000 等系列品种在越南每年的种植面积就达 100 万亩以上。越南的田间地头和菜市场、韩国的大街小巷都能够随处可见中国京科糯系列玉米的身影。

二、全球鲜食玉米产量分析

与普通玉米类似，鲜食玉米也是利用杂种优势时间较长的作物。随着种质水平提升和杂种优势的优化利用，目前，鲜食糯玉米的鲜果穗平均单产可达 1 000 千克/亩，相较 21 世纪初有了大幅度的增长（＋43％）。甜加糯玉米品种平均单产也已经达到 1 000 千克/亩左右，较最初（650 千克/亩）提高约 40％。

根据美国农业部报道，美国甜玉米总产量在 21 世纪初（2000—2005 年）有小幅上升，2002 年为 426.88 万吨，2005 年为 437.30 万吨（图 2-3）。但自 2006 年后，总产量整体呈下降趋势，这与收获面积的减少有关。2014 年产量为 368.59 万吨，较 2002 年下降 13.66％。至 2022 年，美国甜玉米年产量为 259.56 万吨，较 2002 年前下降 39.2％。从总收获面积和总产量来计算单产，

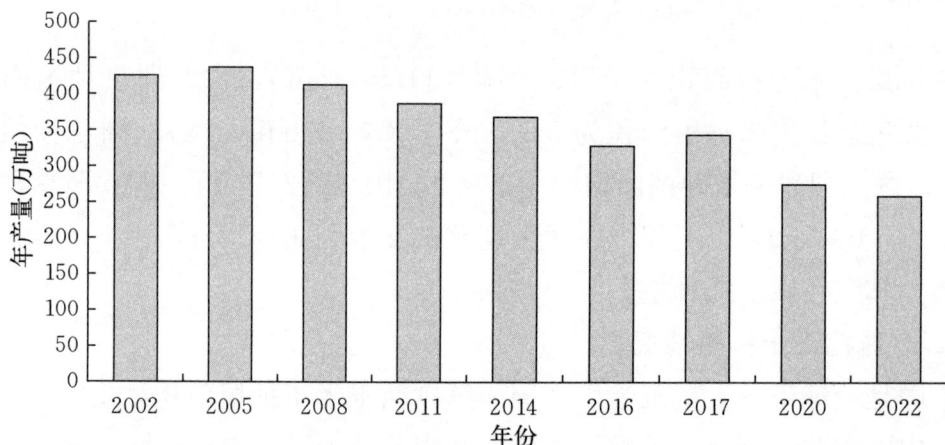

图 2-3 美国甜玉米产量变化

（数据来源：美国农业部）

美国甜玉米平均单产自 2002 年以来呈上升趋势（图 2-4）。2002 年，美国甜玉米单产为 6.44 吨/英亩①，至 2022 年单产为 7.63 吨/英亩，增长 18.48%。

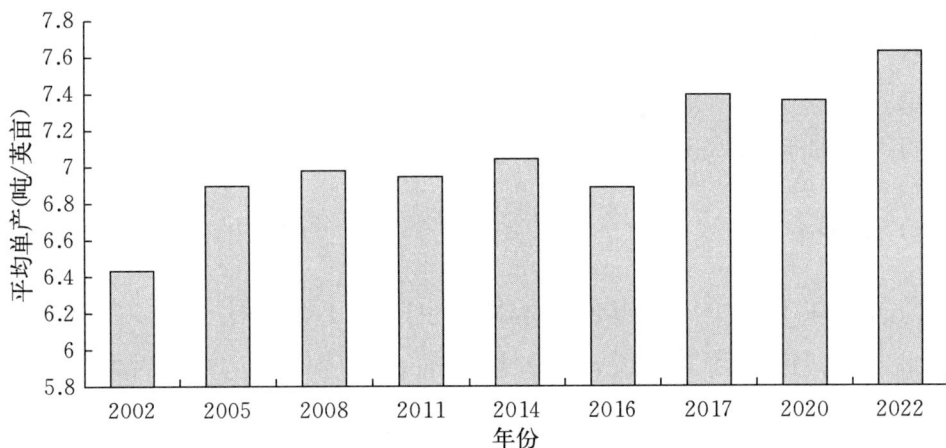

图 2-4　美国甜玉米单产变化

（数据来源：美国农业部）

三、全球鲜食玉米主要生产国家

根据 FAO、美国农业部等网站数据，以及生产调研数据，从 2018—2022 年鲜食玉米平均收获面积来看，目前全球鲜食玉米主要生产国为中国、尼日利亚、美国、几内亚、印度尼西亚、泰国、墨西哥、秘鲁、南非、匈牙利、法国等（表 2-1）。集中在亚洲、北美洲、欧洲、非洲、南美洲。

表 2-1　全球鲜食玉米主要生产国家

序号	国家	平均收获面积（公顷）	序号	国家	平均收获面积（公顷）
1	中国	1 460 000	7	墨西哥	68 419
2	尼日利亚	200 559	8	秘鲁	46 509
3	美国	156 252	9	南非	38 409
4	几内亚	138 843	10	匈牙利	33 038
5	印度尼西亚	128 572	11	法国	22 342
6	泰国	80 000			

---

①　英亩为非法定计量单位，1 英亩≈0.4 公顷。

四、鲜食玉米生产影响因素分析

鲜食玉米作为果蔬类农产品，对种植者和消费者来说，其产量、品质、商品性等是影响其市场流通的主要因素。而对应的影响鲜食玉米产量、品质和商品性状的因素则是影响鲜食玉米生产的主要因素。

（一）品种

市场需求在不断变化，鲜食玉米品种也随之不断迭代升级。对鲜食玉米种植者、加工厂、销售商等来说，在种植之前，应确保所选用的品种能满足市场需求。因此，选择最优品种是种植者实现效益最大化的首要考虑因素。目前，一共有 34 个不同性状用来评价一个商业品种。加工和鲜售市场所需求的品种应具备综合性状优良的特点，但在一些特殊性状上又有不同。相同点是所有商业化的甜玉米品种都应具备高产稳产、结实饱满、甜度高（根据基因型而定）、抗性强等特性。不同之处在于，加工型品种一般需要具备一些特殊性状，如穗轴更细、籽粒更深、形状平整以便于去掉苞叶等。用于冷冻加工的玉米穗还应色泽漂亮、粒行整齐，穗位高至少 60 厘米以上，最好无分蘖，以便于机械采收。苞叶尽量足够，以抵御虫害，但又较松一些，以便剥掉苞叶。对于用于制作罐头的玉米，加工厂更喜欢白色花丝的品种。另外，还应考虑成熟度、种子和植株性状等。

对于用于鲜食的品种来说，除品质优、口感好等特点外，在收获后货架期长是极其重要的，另外，苞叶持绿性应更好。因此种植者应根据种植的原因和地点仔细选择栽培品种。

种子质量是确定是否选择使用某个品种的另一个重要因素，特别是对于甜玉米。种子质量好、发芽率高、植株长势旺盛的品种可提高资源利用率和土地产出率，更利于实现节本增效的目的。

（二）栽培模式

（1）深入调研，以确定市场需求、生产障碍（如气候异常），特别是产品规格（如市场对类型、品质等的需求）。

（2）按需种植，根据调研情况，在种植之前即规划好种植品种、种植时间、播种面积、销售渠道等要素，以保证收获时间、收获产量能与市场需求相匹配，实现效益最大化。

（3）配套利用特定品种的良好配套栽培管理技术，特别是种植密度、肥料、灌溉、土壤管理、病虫害控制、收获技术等。

（4）鲜食玉米生产机械化播种、覆膜等栽培环节基本达到100%，但还没有完全实现机械单粒播种，特别是甜玉米。鲜食玉米生长期间已实现利用无人机喷洒农药防治病虫草害。在欧美国家，甜玉米基本实现机械化收获，大大促进了甜玉米产业快速发展。

（三）气候条件

与普通玉米一样，鲜食玉米是喜温作物，适宜的生长季节温度是 15～32 ℃。世界主要鲜食玉米生产国基本处于温带地区或热带地区，最适宜种植鲜食玉米的地区有北美洲的美国、加拿大，欧洲大部分地区，亚洲的东亚、南亚等地区，这些地区无霜期长、雨热同季，有利于鲜食玉米生长发育。但全球气候极端变化加剧了鲜食玉米生产形势的严峻性。花期温度超过 35 ℃时，炎热、干燥、多风的条件会对植株造成严重压力，并破坏授粉和结实。据统计，气温每升高 1 ℃，虫害就会造成农作物减产 10%～25%。根据世界气象组织（WMO）统计，2019年，全球平均气温较工业化前高出 1.1 ℃；根据《全球气候状况报告（2022）》数据，全球 2022 年平均陆地气温较 1850—1900 年平均值升高 1.67 ℃。欧洲的升温幅度最大，其次是亚洲，应注意防治病虫害的大面积发生。

（四）水资源

受人口增长、污染以及气候变化等因素的影响，全球水资源短缺压力不断增大。据联合国粮农组织（FAO）发布的《2020 年粮食及农业状况》，过去20 年间，全球人均淡水可供量减少了 20%以上。灌溉农业占全球总用水量的70%以上，农业需水量随着灌溉面积的扩大而迅速增加，全球水资源匮乏是农业包括玉米生产的重要限制因素。全球淡水总量仅为 0.36 亿立方千米，能够直接利用的江河、湖泊仅占淡水总量的 0.3%。气候变化导致干旱愈加持久频繁，雨养农业水资源不足问题日趋严峻。Hirich 等利用摩洛哥地区甜玉米的SALTMED 模型发现，由于温度升高，使玉米的生长季将缩短 20 天。到 21世纪末，作物蒸散量预计将增加 15%，导致总产量减少 2.5%。

（五）生产投入品

1. 化肥和农药

化肥和农药的利用对作物产量提升有显著促进作用，但在促进增产增收的同时，也带来环境污染。根据 FAO 统计数据，2001—2020 年，全球氮肥施用量平稳增加，2020—2021 年呈现下降趋势。亚洲国家施用量远高于欧美发达国家（图 2-5）。杀虫剂在 2001—2016 年总体呈上升趋势，2016 年之后呈现波动（图 2-6）。鲜食玉米采收鲜嫩果穗，特别是甜玉米可用于生食。因此，近年来鲜食玉米绿色优质栽培技术也在不断优化和扩大应用，鲜食玉米在开花授粉期之后一般不再使用化学农药，以保证食用安全和绿色环保。

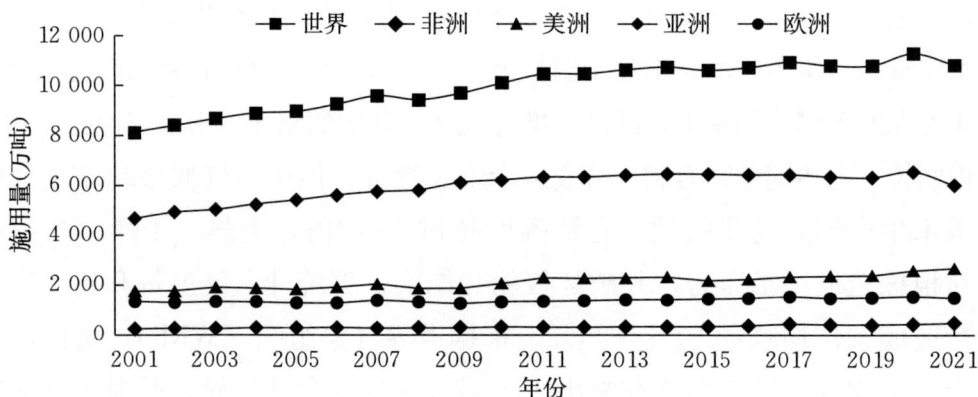

图 2-5　2001—2021 年世界及各洲际氮肥施用量年份间变化

（数据来源：FAO）

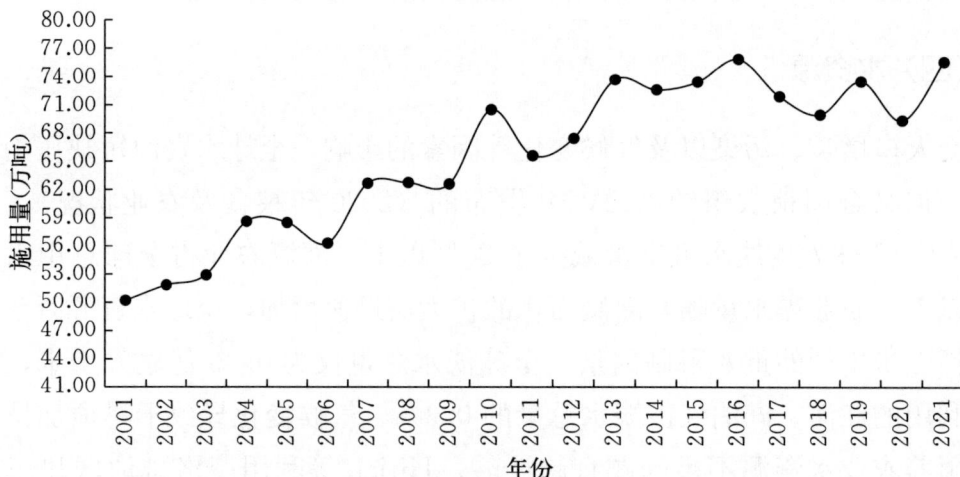

图 2-6　2001—2021 年世界杀虫剂使用量变化

（数据来源：FAO）

2. 种衣剂

种衣技术是目前国际上应用比较普遍的种子处理技术。其最大优点是在植物种子外表形成具有一定功能和包覆强度的衣膜（或保护层），可有效预防作物苗期的病虫害。目前，全球种子处理正朝向绿色、高效、多元、高新等方向发展，新农药活性成分如氯虫苯甲酰胺加入种衣剂阵营，新型助剂的采用推动了种衣剂剂型和品质提升，微囊技术、纳米技术、生物技术开始应用于种衣剂，提高了种衣剂的活性、持效性、安全性和抗逆性。

（六）逆境

1. 生物逆境

病虫草害是影响鲜食玉米产量的主要生物逆境。鲜食玉米生产中的主要病害包括大斑病、小斑病、丝黑穗病、粗缩病、锈病、穗腐病等。虫害主要包括玉米螟、棉铃虫、草地贪夜蛾等食叶（果穗）害虫，蚜虫、叶螨等刺吸式害虫，地老虎、蛴螬等地下害虫。生物逆境可不同程度影响鲜食玉米产量、商品性，直接影响种植效益。

2. 非生物逆境

影响鲜食玉米生产的非生物逆境主要包括干旱、涝害、低温冷害、高温热害、风雹灾害等。其中干旱对鲜食玉米威胁最严重，干旱造成的渗透胁迫会进一步影响水分吸收，以及种子萌发、幼苗生长和生物量形成。大喇叭口期至抽雄期发生干旱，则可造成严重减产。另一个可严重威胁鲜食玉米生长的是极端温度，特别是高温胁迫对鲜食玉米花粉萌发、受精结实都会产生显著影响，进而导致产量和质量下降。

第三章　全球鲜食玉米种业发展情况

一、全球鲜食玉米育种科技创新情况

（一）鲜食玉米相关调控基因概况

甜玉米的甜质特性，或糯玉米的糯质特性，均受一个或多个胚乳性状的隐性突变基因调控，这些基因均有各自特异的基因效应及其基因间的互作效应，可以影响灌浆期和乳熟期籽粒胚乳中碳水化合物的成分和含量，从而影响鲜食玉米的食用品质。

当前，商业化甜玉米品种用到的甜玉米胚乳突变基因大部分是 $sh2$ 类型，其次是 $su1$ 和 se 类型。但是目前至少有 8 个胚乳突变基因已应用在商业化育种中（表 3-1）。除 $Sugary\ Enhancer\ 1$（$se1$）基因的功能还没研究清楚之外，其他基因都是参与编码淀粉合成路径中相关酶的结构基因，并且每一个基因都有许多已知的等位基因，会产生不同的表型。为了解胚乳突变体的上位性关系及其对甜玉米胚乳质量和种子生理的影响，Boyer、Shannon（1984）将其划分成两类，Boyer 同时建议将影响碳水化合物合成的场所是在淀粉体外的胚乳突变基因归为第一类，将影响碳水化合物合成的场所是在淀粉体内的胚乳突变基因归为第二类。后来大量的研究报道继续支持这种分类系统。$bt1$、$bt2$、$sh2$ 属于第一类突变体，基因突变发生在淀粉合成的上游，对淀粉合成影响较大，糖分积累增加，成熟期籽粒淀粉含量很低仅 5% 左右，这类基因型的籽粒在授粉后 18～20 天时糖分含量是普通玉米籽粒的 4～8 倍，因此被称为超甜玉米。这三种突变体类型均被应用于商业化育种，其中以 $sh2$ 基因应用最为广泛。

第二类基因突变发生在淀粉合成的下游，如 $ae1$、$dull1$、$su1$、$waxy1$，他们改变淀粉的类型及各类型的含量，淀粉总量减少幅度小。这些突变基因中任意两个或以上进行组合都会产生协同效应，进一步降低多糖浓度，并增加蔗糖含量。

表 3-1　玉米胚乳中编码参与淀粉合成相关酶的野生型基因

基因名称	染色体号	编码酶	是否应用	来源
Amylose-extender1（*Ae1*）	5	Starch branching enzyme2a 淀粉分支酶 2a	是	Fisher et al.，1996
Brittle 1（*Bt1*）	5	Adenylate transporter 腺苷酸转运蛋白/束缚态淀粉 磷酸寡聚糖合成酶	是	Sullivan et al.，1991
Brittle2（*Bt2*）	4	AGPase small subunit ADP-葡萄糖焦磷酸化酶小亚基	是	Hannah and Nelson，1976
Dull1（*Du1*）	10	Starch synthase3 水溶性淀粉合成酶	是	Gao et al.，1998
Shrunken2（*Sh2*）	3	AGPase large subunit ADP-葡萄糖焦磷酸化酶	是	Hannah and Nelson，1976
Sugary1（*Su1*）	4	Isoamylase1 淀粉脱分支酶	是	James et al.，1995
Sugary Enhancer1（*Se1*）	2	Unknown	是	Mogel et al.，2014
Waxy1（*Wx1*）	9	Granule-bound starch synthase 束缚态淀粉合成酶	是	Nelson and Rines，1962
Isoamylase2（*Isa2*）	6	Isoamylase2 淀粉异构酶	否	Kubo et al.，2010
Shrunken1（*Sh1*）	9	Sucrose synthase 蔗糖合成酶	否	Chourey and Nelson，1976
Starch branching enzyme1a（*Sbe1a*）	5	Starch branching Enzyme 淀粉分支酶	否	Yao et al.，2004
Starch branching enzyme11a（*Sbe11a*）	8	Starch branching Enzyme 淀粉分支酶	否	Blauth et al.，2002
Sugary2（*Su2*）	6	Starch synthase2a 淀粉合成酶	否	Zhang et al.，2004
Zeapullulanase1（*Zpu1*）	2	Pullulanase 支链淀粉酶	否	Dinges et al.，2003

1. *sugary1*

直到 20 世纪 60 年代，甜玉米一般都是指普通甜玉米，即含有隐性基因 *su1* 的胚乳突变体。至今，*su1* 位点已报道多个等位基因，如 *su1-ne*（也称为 *su1-ref*）、*su1-nc*、*su1-sw*，这 3 个等位基因在蛋白质功能域均含单氨基酸替代，产生非催化蛋白。*su1-cm* 在第 1 外显子处含一个 1 300 bp 的转座元件，但不产生蛋白。另外，还有一些更早被发现的等位基因，如 *su1-Bn2*、*su1-st*、*su1-am*、*su1-P*、*su1-cr*。*su1-ref* 是在育种过程中使用最多的一种突变类型，大部分商业化温带甜玉米杂交种均含有该基因。*su1* 型甜玉米鲜果穗（授粉后 20 天）籽粒中含总糖约 16%，水溶性多糖约 22.8%，淀粉 28%，而野生型玉米籽粒中总糖约 6%，水溶性多糖约 3%，淀粉 66%。

目前，鲜售市场上已经很少见到 *su1* 型甜玉米品种了，加工市场所用品种也大部分被超甜型玉米所取代。2018 年，*su1* 型甜玉米品种占加工市场的 30%，至今，这个数字已降至低于 20%。

2. *shrunken2*

1953 年，Laughnan 报道了一种胚乳凹陷的基因突变类型，命名为 *shrunken2*（*sh2*），并认为 *sh2* 在甜玉米产业发展中将会大有用处。20 世纪 60 年代，Laughnan 育成首个 *sh2* 甜玉米品种 'Illini Xtra Sweet' 并向美国和日本市场推广，该品种（在日本定名为 Honey Bantam）对日本超甜玉米的流行与发展起到了很大推动作用。Emil Wolf 育成另一个重要的 *sh2* 型超甜玉米品种 'Florida Staysweet'，为之后美国和全球甜玉米发展奠定了重要基础。自此，*sh2* 甜玉米在全世界范围内被广泛应用于鲜售和加工市场。

按上述胚乳突变体分类标准，*sh2* 为第一类突变体，*Shrunken2*（*Sh2*）基因编码 AGPase 大亚基，位于淀粉合成途径的上游，对下游基因具有上位效应，突变导致籽粒胚乳中可溶性糖积累，形成超甜表型，是超甜型玉米育种主要目标基因。*sh2* 型甜玉米籽粒表型特点为皱缩、不透明、无光泽。其籽粒中含总糖 34.8%，水溶性多糖 4.4%，淀粉 5% 左右，并且籽粒重量较野生型大大降低。过去 40 多年以来，*sh2* 型甜玉米在全球甜玉米市场中所占的比重越来越大，如美国，当前甜玉米加工市场中 70% 以上的品种均为 *sh2* 型，与 *su1* 型甜玉米相比，*sh2* 型甜玉米的优点在于乳熟期籽粒含糖量、含水量更大，货架期更长。利用 *sh2* 型甜玉米做罐头，则不用额外添加精制糖，并且 *sh2* 型甜玉米更适合长途运输和零售交易。近年来，随着品质提升，特别是鲜售 *sh2* 型甜玉米柔软度的提升，使得 *sh2* 型甜玉米正逐步取代鲜售市场上 *su1/se* 类型杂交种。

据报道，*sh2* 位点有 40 多个等位突变，其中大部分不会产生明显的表型变化。*sh2-i*（也称为 *sh2-n2340*）是一种特殊类型，其籽粒表现为轻微皱缩，表型介于超甜类型和普通玉米之间，淀粉含量较高，但这也会对甜玉米风味和口感造成负面影响，因此，该基因很少单独使用。

3. 甜玉米其他胚乳突变基因

除上述 *su1*、*sh2* 突变体外，生产上利用较多的还有 *bt1*、*bt2* 等。*Bt1* 和 *Bt2* 突变使淀粉合成受阻的部位与 *sh2* 型突变相近或相同，所以 *bt1* 和 *bt2* 的基因效应也与 *sh2* 非常相似。

为进一步选育出高品质，同时具有极佳种子质量的杂交种，育种家培育出聚合了 2 种或以上胚乳突变基因的组合突变体，也称双/多隐性突变体。其中利用最多的是 *su1se1* 双隐性突变体。该类型甜玉米籽粒中，总糖含量与 *sh2* 型甜玉米相近，而水溶性多糖含量则接近 *su1* 型甜玉米，因此具有口感品质好、甜度高、奶香风味的特点。但 *se1* 基因的利用并没有流行起来，一是因为在一些遗传背景材料的回交转育过程中，很难鉴别 *se1* 分离个体，二是在选育口感品质非常好的 *su1se1* 杂交种过程中，还需要一系列其他隐性修饰基因，使得选育过程变得较为复杂。

4. *waxy*

糯玉米的糯质性状表现为籽粒不透明，种皮无光泽，籽粒胚乳呈蜡质状；其籽粒胚乳中的淀粉几乎 100% 由支链淀粉组成。现在已经探明这个糯质性状是由一对隐性基因（*wxwx*）控制，位于第 9 染色体上，是一个包括数十个变异位点的等位基因的复合座，这些基因性质相似，可以为频率极低的遗传交换所分开。*WX* 基因编码颗粒结合型淀粉合成酶（*GBSSI*），催化生成直链淀粉，该酶失活将导致直链淀粉合成途径受阻，在籽粒胚乳与花粉中主要生成支链淀粉。

糯玉米籽粒具有明显的蜡质表现，胚乳中的淀粉几乎 100% 是支链淀粉。糯玉米淀粉在淀粉水解酶的作用下，消化率可达 85%，而普通玉米淀粉（其中支链淀粉占淀粉总量的 73%，直链淀粉占 27%）的消化率仅为 69%。直链淀粉是由葡萄糖单元通过 1，4 糖苷键连接成的直链状大分子化合物，聚合的葡萄糖单位在 100～6 000 个，一般为 300～800 个；支链淀粉除了由葡萄糖单位通过 1，4 糖苷键连接成直链外，支链部分是以 1，6 糖苷键连接的大分子化合物，聚合的葡萄糖单位为 1 000~3 000 000 个，这种支链淀粉的分子呈分枝状，分子量大，是天然高分子中最大的一种。直链淀粉遇碘呈蓝色，支链淀粉遇碘呈紫红色，而且吸碘量大大低于直链淀粉，对花粉粒进行染色也会有同样的效果。这个性质可用来区分糯玉米与其他类型的玉米。糯玉米淀粉的吸水量大，消化率高，食用消化率比普通玉米高 16 个百分点，经加温处理后的膨胀力为普通淀粉的 2.7 倍，其淀粉糊的透明性强、膨胀性强、黏度大、糊化温度低，与普通玉米淀粉差异明显。糯玉米中的淀粉含量略低于同型普通玉米，具有较好的适口性、较高的黏滞性和消化率，加温处理后具有较高的膨胀力和透明性。

（二）近五年基础研究进展

近年来，随着基因组学、生物组学等前沿学科的快速发展，高通量基因型和表型鉴定技术与分析方法研究不断深入，在玉米重要性状形成的关键功能基因及分子机理研究上不断取得突破，为开展鲜食玉米分子育种奠定了重要基础。

1. 组装完成首个甜玉米自交系基因组

2021 年，佛罗里达大学 Dr. Marcio Resende 研究组以现代甜玉米重要公共自交系 *Ia453 - sh2* 为基础，通过结合单分子实时（SMRT）长阅读测序、生物纳米光学作图和 Dovetail Hi - C 作图技术，提供了一个染色体水平的高质量的超甜玉米基因组，并发现，甜玉米中发生突变的 *sh2 - R* 等位基因里有至少两个结构重排，第一个结构重排发生在 *Sh2 - R* 等位基因的前半段，有一个 5.45 kb*Copia LTR* 的反转录转座子的插入；第二个结构重排是 *Sh2 - R* 等位基因的后半段发生了整体的倒位，并且 *Sh2 - R* 等位基因的前半段和后半段被 49.44 kb 的转座子序列分开。对 5 318 个大刍草、地方品种、现代甜玉米和大田玉米品系进行了全基因组测序，通过对进化树和群体结构的分析，发现大部分的现代甜玉米品种都是来自 Golden Bantam 和 Stowell's Evergreen 这两个甜玉米品种，同时揭示了现代甜玉米极有可能是从墨西哥北部发源，有可能跟硬粒玉米有同样的起源或者就是来源于硬粒玉米。同时找到了与甜玉米特有农艺性状如控制植物开花、株高、形态、胚乳成分及产量相关的候选基因，为甜玉米的基因组辅助育种提供了重要的理论基础。

2. 重要性状的遗传解析更加深入

近年来，一批涉及鲜食玉米种子活力、出苗能力、产量和品质等的功能基因先后被克隆，深入揭示了相关性状形成的分子基础。

在种子活力调控方面，研究发现甜玉米中优良品质相关的基因通常对种子活力有不利影响。同时，甜玉米胚乳突变体的种子活力受遗传背景、制种环境、生产方法、化学处理和播种环境的影响，由多个微效基因调控。在 $su1$ 位点 5 种等位基因突变的材料中，研究发现，突变基因在 $su1-pu$ 杂交种中，淀粉含量最高，而 WSP 最低；在 $su1-ne$ 型杂交种中，淀粉含量最低，而 WSP 含量最高。含有 2 个 $su1-ref$ 等位基因的籽粒比含有单 $su1-ref$ 等位基因的籽粒具有更多的 WSP 和更少的淀粉。$su1$ 等位基因之间在籽粒出苗、田间性状和成熟籽粒成分方面均存在显著差异。其中 $su1-ne$ 型玉米在种子出苗、田间性状方面始终处于劣势，而 $su1-pu$ 型玉米在所评估的性状上始终优于其他 $su1$ 突变等位基因。

超甜玉米如 $sh2$、$bt2$ 等类型对种子出苗、田间性状的不利影响较其他甜玉米突变类型更为严重，这在初期影响了超甜玉米的发展。后期育种、种子生产技术和种子处理技术的改进大大减少了这些问题。

低温和潮湿的土壤严重影响甜玉米的出苗和幼苗活力。育种家在甜玉米选育过程中，经常导入普通玉米，以扩宽甜玉米遗传基础，同时增加耐逆境的有利基因。研究者在不同的基因型和环境中检测到不同数量的 QTL，同时发现甜玉米活力受微效多基因的显著加性效应和环境共同控制。华南农业大学研究了早期种子活力的分子机制和遗传基础，鉴定出 18 个 QTL，其中一个稳定的 QTL 含有 4 个可能与人工老化后种子活力相关的候选基因。浙江大学研究发现，种子活力增强剂亚精胺能直接作用于植物生长调节剂并增强种子活力。在种子包衣剂中添加 6-BA、NAA 等植物生长调节剂，可以提高种子活力、出苗和抗氧化能力。安徽科技学院以超甜玉米重组自交系群体 $F_{2:4}$ 为材料，利用复合区间作图法和完备区间作图法，对甜玉米种子活力相关的数量性状位点进行定位，共鉴定出 15 个加性 QTL，对更深入地了解种子活力、种子能量利用等的遗传机制提供了参考。

在种子活力检测方面，华南理工大学建立了一种基于 1 000～2 500 nm 波长范围的单核傅里叶变换近红外光谱（FT-NIR）的快速区分有活力和无活力超甜玉米种子的方法，可用于快速无损检测超甜玉米种子活力，有良好的应用前景。

在产量方面，研究发现颖片是在花药和籽粒发育过程中保护玉米小穗的器官。围绕籽粒的颖片会减少从玉米穗上切下籽粒的深度，因此，消除籽粒周围的颖片可能是提高籽粒产量的一种方法。*Vestigial glume1*（*Vg1*）是一种半显性突变体，它的突变可消除玉米雄性和雌性小穗中的颖片。雄性小穗中颖片的完全消除会导致雄性不育。研究表明，*Vg1* 对玉米株高、穗位高和雄穗主轴长度都有多效性。这一研究结果可应用于小颖片玉米品种，特别是甜玉米的选育。

在品质方面，果皮是鲜食玉米籽粒的最外层，直接影响玉米粒的柔嫩度，是品质和消费者偏好的重要决定因素。薄果皮一般柔嫩度更好。泰国 Kasetsart 大学研究者利用果皮重量代替果皮厚度，在 109 个泰国甜玉米重组自交系中鉴定了控制果皮厚度的数量性状位点，并鉴定到主效 *QTL*，可以解释 73％乳熟阶段和 41％成熟阶段的表型变异，该 *QTL* 可能用于籽粒柔嫩度的分子标记辅助选择。华南理工大学使用遗传作图结合转录组分析来鉴定控制果皮厚度的候选基因。他们在甜玉米 BC_4F_3 的 148 个品系群体中鉴定了新的果皮厚度数量性状位点，并构建了包含 3 876 个特定长度扩增片段（SLAF）标签的高密度遗传连锁图谱，用于定位果皮厚度的 *QTL*。他们鉴定了 14 个影响果皮厚度的 *QTL*，并提出了 42 个候选基因，其中 5 个在两个亲本之间存在差异表达。

韩国 Kangwon National University（康原大学）利用 90 个超甜玉米自交系评估了 6 个农艺性状的遗传和表型变异，并使用 100 个 SSR 标记进行了关联分析。他们确定了 4 种标记-性状关联，其中包括 3 种与抽穗天数和吐丝天数相关的标记。这些标记可用于甜玉米育种中进行分子标记辅助选择。

（三）鲜食玉米育种技术进展

遗传基础狭窄是甜玉米育种的一个主要限制因素，特别是在非本土环境中育种时，这个限制作用更明显。

自交系配合力测试是评价其遗传多样性的一种经典方法。研究者对来自罗马尼亚、巴西、印度等的甜玉米材料进行研究，表明不同材料在生化成分、产量、农艺等性状上的遗传差异较大。通过计算不同材料间的配合力从而确定亲本，并配制杂交组合。

分子标记的应用有助于更深入地了解种质资源，特别是基于全基因组SNP标记的亲缘关系检测，能为玉米育种和种质管理提供更有价值的信息。分子标记与表型数据的结合是目前常用的鉴选具有优良目标性状的甜玉米种质的技术。

尽管甜玉米突变体都是自发突变产生的，为获得没有自发突变而又是目标性状的基因，基因工程技术也应用到了甜玉米育种中。美国艾奥瓦州一家全球领先的农业科技公司 Corteva Agriscience 研究了 DP202216 转基因甜玉米中 ZMM28 蛋白的表达和安全性，该基因可使甜玉米中过量表达 ZMM28 蛋白，从而导致植株高大、光合能力增强、氮利用高效。2018年，美国农业部、美国密西西比大学等联合研究发现草甘膦的使用对 GR 转基因甜玉米中矿物质含量或产量并没有影响。

美国在2011年即实施转草甘膦和 Bt 甜玉米的商业化，尽管种植面积并没有公布，但很多种植者都希望种植这种转基因甜玉米。在美国，转基因甜玉米一般只用于鲜售市场，而不用于商业化甜玉米加工。但大部分美国鲜售市场上的甜玉米杂交种都是非转基因的。

中国农业科学院作物科学研究所与安徽农业大学合作，利用基因编辑技术创制超甜、糯与超甜糯复合型鲜食玉米育种技术，构建同时靶向玉米 *WX* 与 *SH2* 基因的 *CRISPR/Cas9* 基因编辑系统，在后代中高效分离 *SH2* 与 *WX* 单基因与双基因突变的突变系，从而实现超甜玉米与糯玉米材料的高效创制。同时，利用玉米单交种特性将双隐性突变（*sh2sh2wxwx*）系与单隐性突变（*Sh2Sh2wxwx*）杂交，验证了超甜与糯性复合型玉米的育种途径。该研究克服了传统超甜与糯性玉米育种中仅通过回交导入少数已发现的自然突变的局限，并同时解决了同一代谢途径中上游基因对下游基因上位性效应对育种选择的困扰，为高效培育超甜玉米、糯玉米，以及甜糯复合型玉米品种提供了新的技术策略。

一些植物病毒已被用作外源基因表达和病毒诱导基因沉默的载体。在这些病毒中，雀麦花叶病毒和黄瓜花叶病毒已被用于诱导玉米的基因沉默。美国艾奥瓦州立大学等描述了一种新的基于DNA的病毒诱导的基因沉默系统，该系统来源于狐尾花叶病毒（FoMV），在甜玉米品种 *Golden Bantam* 中沉默并表征了 *phytoene desaturase*、*lesion mimic22*、*iojap* 和 *brown midrib3* 4个基因。

为防止异交影响品质，自交不亲和技术也应用于甜玉米育种中。西班牙高等科学研究理事会等在 $sh2$ 型甜玉米自交系中引入配子体基因 $Ga1-s$，发现 $Ga1-s$ 能在各种环境中有效保护 $sh2$ 植株。因此，须选择有利于 $sh2$ 植株存活的 $Ga1-s$ 供体。

目前，优质和多样化甜玉米自交系亲本，特别是 $sh2$ 型甜玉米的缺乏，是选育高产优质甜玉米杂交种的主要瓶颈之一。在 $su1$ 型甜玉米中则存在一种相反的瓶颈，种质多样性更广泛，但目前对该类型玉米的需求在降低。

将甜玉米中的甜质性状导入糯玉米中是提升糯玉米口感和品质的重要途径。将不同甜质胚乳突变基因如 su、$sh2$、bt 等导入糯玉米 wx 基因背景中，经杂交和自交，后代果穗上会产生 3∶1 或 9∶7 的糯粒和甜粒的分离。这种类型的鲜食玉米被称为甜加糯型玉米。甜加糯鲜食玉米是中国育种工作者创制出的聚合甜玉米、糯玉米二者优点的一种新型玉米，是指在同一果穗上既有糯籽粒又有甜籽粒的玉米类型，目前占主流的是甜籽粒与糯籽粒比例为 1∶3，鲜食口感既糯又甜。

二、全球鲜食玉米种业发展特点

1. 国内外各具特色

从鲜食玉米分类上来看，美国、加拿大、墨西哥等美洲国家，法国等欧洲国家是以甜玉米为其鲜食玉米，糯玉米种植面积小，且不用来作为鲜食类型；中国、日本、越南、韩国等亚洲国家的鲜食玉米包括甜玉米和糯玉米 2 种主要类型，中国还创新出甜加糯玉米，并成为国内一种主要类型。

从品种品质来看，随着消费者对食品品质的要求越来越高，全球研发的鲜食玉米品种呈现出很多特点。①多样化，如种类和品种越来越多，从传统的黄色、白色玉米到现在的紫色、黑色和彩色玉米，以满足消费者不同的口味需求。②抗逆性强化，全球越来越注重培育抗逆性强的品种，以应对气候变化、自然灾害等不确定性因素的影响，保证产量和品质的稳定。③营养强化，在保证品种综合农艺性状及果穗口感、商品性的同时，增加籽粒营养成分，育出具有一种或多种人体必需营养物质的优良鲜食玉米品种已成为当前一个重要研究方向。

从可持续发展来看，全球鲜食玉米也越来越注重可持续发展，通过采用生态种植、节水灌溉、施有机肥料等方式来减少对环境的影响，保护生态环境，同时提高产量和品质。

从技术创新来看，美国在甜玉米育种资源、育种技术、基础研究等方面起步早、发展速度快，种业水平国际领先。中国在糯玉米种质资源、品种研发等方面处于国际领先地位。随着现代农业和生物技术发展，全球鲜食玉米种业也在不断地进行技术创新，采用基因编辑、遗传改良等新技术来加速品种选育，提高选育效率和品种质量，以满足消费者不断变化的需求和应对环境变化的挑战。

2. 全球鲜食玉米种业市值稳步增长

全球甜玉米种子产业具有相当高的集中度。主要生产公司集中在北美、欧洲、亚洲及非洲等地区。据商业研究分析平台报道，2019 年全球甜玉米种子市场价值为 7.105 亿美元，2021 年为 7.61 美元，2023 年这一数字升至 8.20 亿美元，预计到 2026 年，市场规模将达到 8.898 亿美元，年复合增长率为 3.2%。种子技术的发展，使人们对加工或方便食品需求量激增。另外，全球人口增长、食品加工行业蓬勃发展、人均可支配收入水平提高等都是未来甜玉米种子市场扩大的潜在因素。

中国甜玉米种植面积约 700 万亩，已超过美国，成为全球最大的甜玉米生产国，对全球甜玉米种子市场规模和价值的增长起到了显著促进作用。中国也是全球糯玉米第一大生产国，糯玉米年种植面积在约 1 200 万亩，甜加糯型玉米年种植面积约 700 万亩，品种自给率 100%，年生产种子近 2 000 万千克，种子销售额 20 亿元以上，在全球糯玉米种子市场处于领先地位。

3. 生物技术产品已有推广

据国际农业生物技术应用服务组织（ISAAA）报告显示，2019 年，全球生物技术/转基因作物种植面积达到了 1.904 亿公顷，分布在全球 29 个国家。其中 19 个国家种植转基因作物面积超过 10 万公顷。另外还有 44 个国家进口转基因作物，因此，全球共有 70 多个国家应用了转基因作物。具有抗虫和除草剂耐受性的堆叠性状增加了 6%。据全球咨询机构 AgbioInvestor 数据，2023 年，全球转基因作物种植面积比上年增长 1.9%，达到 2.063 亿公顷（30.9 亿亩），创下历史新高。从转基因玉米方面来看，2019 年，全球转基因玉米种植面积 6 090 万公顷，占全球玉米总种植面积的 31.7%。自 1996 年转基因作物商业化以来，美国一直是全球转基因玉米种植的领导者，转基因玉米种植面积位居全球第一。2023 年，美国转基因玉米面积达 3 570 万公顷，约占全球转基因玉米面积的 51.5%。复合性状的转基因玉米在全球推广迅速。2000 年，复合性状转基因玉米在美国种植面积仅占玉米总面积的 1%，2023 年，这一比例上升至 82%。目前，美国转基因作物种植面积 8 510 万公顷，覆盖了全球转基因作物种植面积的 45%。

从全球范围来看，转基因甜玉米也在一些国家实现商业化。据统计，2016 年，全球转基因甜玉米种植面积约占 4.9%，主要集中在美国。美国转基因甜玉米一般不用于商业化加工，但可应用于鲜售市场，其种植面积在甜玉米总面积的占比低于 20%。

三、全球鲜食玉米主要种子企业

1. 先正达集团股份有限公司

先正达集团股份有限公司为中国化工集团旗下先正达集团的子公司，甜玉米育种历史超过 160 年。公司传统强项是加工型甜玉米品种的研发，在全球共有 5 个主要的甜玉米研发基地和数十个测试点，品种占全球甜玉米种子市场率超过 40%，其中加工甜玉米种子市场占有率超过 70%，拥有主流加工甜玉米品种奥弗兰（Overland）、脆王（Krispy King）和米哥（Magnum Ⅱ）等。目前，奥弗兰是全球加工甜玉米的主栽品种，脆王和米哥也是中国加工甜玉米市场的主流品种。在鲜食甜玉米市场方面，有库普拉（Cupola）和双色鲜蜜（Cupola Ⅱ）等优良品种在中国推广。通过收购美国 A&C 公司，其鲜食玉米产品线得到进一步强化。该公司在泰国的研发基地主要从事热带和亚热带甜玉米品种的研发，在泰国及东南亚和南美地区热带甜玉米加工市场有一定占有率，并且在中国进行了十多年的市场开拓和品种开发。先甜 5 号（Sugar 75）曾经是中国南方地区主流热带甜玉米品种之一。

2. 美国圣尼斯（Seminis）公司

圣尼斯（Seminis）公司属于德国拜尔公司旗下公司，有超过百年的甜玉米育种历史，在全球有 4 个甜玉米种子研发基地和 24 个测试点，研发范围包括温带和热带种质，并且针对鲜食和加工细分市场。公司产品在美国和欧洲鲜食甜玉米市场有很高的占有率，拥有多个风靡欧美市场的温带鲜食甜玉米主流品种，同时该类品种凭借其强大的产量和品质优势，推广范围遍及全球。公司计划向中国投放 40 多个品种，已有 8 个通过审定和商业化。

3. 美国 Illinois Foundation Seeds Inc.

Illinois Foundation Seeds Inc.（IFSI）是一个位于美国伊利诺伊州的种子公司，专门从事植物育种和种子生产工作，有 60 年的甜玉米育种历史，专注于极早熟和高品质甜玉米品种的研发，是欧美和日本许多特色品种的来源。

4. 美国 Harris Moran Seed Company

Harris Moran Seed Company 是法国利马格兰集团旗下公司，甜玉米育种历史超过百年，有雄厚的遗传资源和技术积累。其产品线中加工类型品种具有很强的竞争优势，其中 HM20 曾经是中国北方早期甜玉米加工的主要品种之一，具有优良的抗病性和高产特性。

5. 美国 Crookham Company

Crookham Company 是一家位于美国爱达荷州的家族经营种子公司，有超过百年的甜玉米育种历史，建有加工和鲜食两个甜玉米的市场产品线，并擅长新基因的应用和多个胚乳类型隐性基因的组合利用，品种特性突出。

6. 泰国 Sweet Seed 公司

Sweet Seed 公司是被誉为泰国甜玉米之父的 Pl. Taweesak 博士运营的甜玉米育种公司，专注于热带甜玉米育种，是泰国及亚洲热带类型甜玉米育种的开拓者，育种历史近 30 年。其产品线包括鲜食和加工类型，也是我国南方"泰系"品种的主要来源，在中国南方鲜食甜玉米市场占有率超过 60%。

7. 泰国太平洋种子公司（Pacific Seeds Thailand）

泰国太平洋种子公司是印度 UPL 集团旗下 Advanta 公司的亚洲子公司，甜玉米育种历史约 30 年，利用泰国和印度高温和湿热等气候特点进行育种，专注于热带和亚热带甜玉米品种的研发和市场开发。主要品种除具有耐湿热、抗病和丰产性外，还具有籽粒颜色和口感品质优良等特性，具有较强的市场竞争优势。产品在东南亚市场占有率超过 50%。

8. 杜邦-先锋种业公司

甜玉米是杜邦-先锋种业公司在中国的重要产品之一。美国杜邦-先锋公司创制的新型雄性不育制种技术，成功解决了细胞核雄性不育系的保持问题，并同时解决了雄性不育种子的自动化分拣，突破了传统细胞质雄性不育利用制种的局限。在基因编辑技术研发应用上，2016 年美国杜邦-先锋种业公司培育了全球首款定向编辑的商业化杂交糯玉米品种，标志着玉米生物技术育种进入了新的发展阶段。

9. 法国利马格兰集团

利马格兰集团是法国农业合作组织，传统种子公司，全球第四大种子公司、第二大蔬菜种子公司。1993 年，利马格兰集团开始进驻中国市场，1997年在中国正式成立公司。2010 年，Vilmorin&Cie（利马格兰集团的控股子公司）通过收购 Mesa Maize 加强了其在美国甜玉米市场上的竞争地位。

第四章　全球鲜食玉米加工情况

一、全球鲜食玉米加工概况

鲜食玉米在乳熟期收获鲜果穗，采收后直接将鲜果穗销售给消费者，这是最简单、品质保留最好的销售方式。随着电商平台及物流发展，主要国家鲜食玉米已实现周年供应，鲜食玉米加工产品在其中起到重要作用。同时，由于鲜食玉米采收后果穗糖分等下降较快，也促使鲜食玉米加工业发展非常快并且稳定。

全球甜玉米年产量约 2 000 万吨，中国、美国等种植面积较大的国家，30％左右的甜玉米用于加工，法国、匈牙利等欧洲国家则鲜穗需求较少，80％以上用于加工。全球糯玉米加工比例较高，如中国鲜食糯玉米近50％用于加工，美国糯玉米则几乎全部用于加工成淀粉。

果穗的质量，特别是商品性是影响鲜食玉米加工的重要因素。用于加工的品种及其果穗一般从以下几个方面进行评估：机械损伤、产量、底端结实性、病虫害感染率、成熟度、籽粒颜色、风味、质地和外观，水分含量，单果穗重量、长度和粗度等。

二、全球鲜食玉米主要加工产品

鲜食玉米加工产品一般有速冻产品，包括冷冻玉米棒（段）、速冻果穗、速冻籽粒；罐头产品，包括甜玉米粒罐头、牛奶风味罐头；其他产品，如甜玉米汤、混合蔬菜包、真空包装玉米穗等。糯玉米除鲜果穗用于加工外，其干种子还主要用于加工成支链淀粉。

1. 速冻产品

（1）**速冻脱水玉米籽粒**　多用于食品加工行业，如即食快餐产品的配菜等。常见于甜玉米，一般采用超甜玉米品种。

（2）**速冻脱水膨化玉米籽粒**　最近几年在美国兴起的新产品，是成本较高、口感很好的高档小食品。市场有限，多针对儿童和高消费家庭。常见于甜玉米，一般采用超甜型品种。

（3）**速冻玉米籽粒**　主要给大型餐食行业和食品加工行业提供加工原料。由于加工工艺比较简单、可以成规模生产、低温保存。生产成本较低、消费市场的需求量又发展较快，因而近年来速冻玉米籽粒的加工厂家快速增多。同时，由于速冻籽粒利用形式比较自由、发展空间较大，各类衍生产品会源源不断产生，因而在未来一段时期内，速冻籽粒的加工生产还会有一个较大的提升。但由于优质鲜食玉米品种的原料种植、鲜穗采收的成熟度一致性控制、速冻成品商品指标完整粒率控制和微生物控制等方面还存在较大的提升空间，因而真正高质量的速冻籽粒产品数量增加得并不是很快。

（4）**速冻果穗**　多用于餐饮行业，如肯德基快餐店内的甜玉米段。一般采用普甜和一些加强甜品种，超甜品种加工难度较大；除餐饮行业外，速冻糯玉米穗很大一部分还用于家庭消费。

2. 罐头产品

一般为甜玉米籽粒加工产品，有整粒和糊状两种。可开罐即食，也可再烹调加工，供家庭和餐饮行业消费。一般采用超甜型品种较多。

3. 其他产品

（1）**低温保鲜籽粒**　为切粒清洗后不经过高温杀菌的籽粒，置于0～5℃低温下冷藏销售，主要供家庭和高档餐饮消费。特点是保鲜效果好，使用方便，但保质时间只有3～5天。

（2）**真空保鲜果穗**　保鲜期18个月，保鲜效果较好，主要针对家庭和即食消费，有很大的发展空间。

（3）**真空保鲜籽粒**　基本同甜玉米罐头产品，保鲜期18个月。因成本大大低于罐头，有望替代一部分罐头市场，进入家庭、餐饮行业和食品加工行业，有广泛的市场发展空间。

（4）**甜玉米饮料**　加工工艺简单、成本较低；外观诱人、口味清香、营养保健，是一个具有巨大潜在市场的产品。

此外，还有利用鲜食玉米籽粒与其他蔬菜制作的混合蔬菜包等食品，用于家庭和餐馆合理饮食搭配。

三、主要国家鲜食玉米加工情况

从美国情况来看，甜玉米是美国第二大加工作物，仅次于番茄。甜玉米在美国 50 个州都有种植。佛罗里达州、华盛顿州、佐治亚州、加利福尼亚州、纽约州和俄勒冈州是所有类型甜玉米的最大生产地区。明尼苏达州、华盛顿州和威斯康星州是加工甜玉米主要生产区。据美国国家农业统计局数据，2021年，美国甜玉米总产值超过 7.74 亿美元，其中生鲜市场总产值约 5.81 亿美元，占 75%，加工市场（包括冷冻和罐装）生产总值为 1.93 亿美元，占 25%。2022 年，美国甜玉米生鲜和加工市场总产值上升至 8.08 亿美元，其中生鲜市场总产值为 5.39 亿美元，加工市场总产值为 2.69 亿美元。

美国甜玉米加工产品以速冻和罐头产品为主。美国农业部数据显示，2014年，美国冷冻甜玉米总产量为 139.6 万吨，产值为 1.63 亿美元；罐头甜玉米总产量为 117.2 万吨，产值为 1.27 亿美元。2014 年之后仅统计了用于生鲜和加工用途的产量和产值，没有具体区分不同加工产品的类型。

根据生产调研数据，泰国甜玉米种植面积在 120 万亩以上，其中 60% 左右用于加工，主要产品为速冻果穗和罐头。

中国甜玉米种植面积约 700 万亩，其中约 200 万亩用于加工。加工产品主要包括速冻果穗、速冻玉米段、速冻籽粒，另外还有真空玉米穗、罐装甜玉米罐头、软包装甜玉米罐头、玉米饮品等。在糯玉米方面，中国糯玉米种植面积约 1 200 万亩，其中用于加工的部分占总面积的一半。加工部分中，约 65% 加工产品为速冻果穗和籽粒，另有 35% 加工成真空包装果穗。随着中国鲜食玉米周年化生产的逐步成熟和扩大，加工比例还会上升。

法国是欧洲第二大甜玉米加工国，是第一大罐头甜玉米生产国、第二大冷冻甜玉米加工国。法国生产的甜玉米中，80% 以上用于加工，占法国加工蔬菜的 20%。法国甜玉米主要加工产品为甜玉米罐头，占欧洲甜玉米罐头总量的45%，另有一部分加工成冷冻甜玉米，占欧洲总量的 27%。

匈牙利是欧洲第一大甜玉米加工国，是第二大罐头甜玉米生产国、第一大冷冻甜玉米加工国。匈牙利甜玉米罐头产量占欧洲甜玉米罐头总量的 37%。

　　根据调研数据，2007—2015 年，全球冷冻甜玉米市场价值年均增长 2.5%，趋势模式基本保持一致，最显著的增长率出现在 2008 年，其余年份有轻微波动。全球冷冻甜玉米市场在 2013 年达到了 10.18 亿美元的峰值水平，但 2014—2015 年，消费量有所下降，2015 年，全球冷冻甜玉米市场下跌 2.7%，至 9.808 亿美元（图 4-1），这是在连续多年增长后连续第二年下跌。

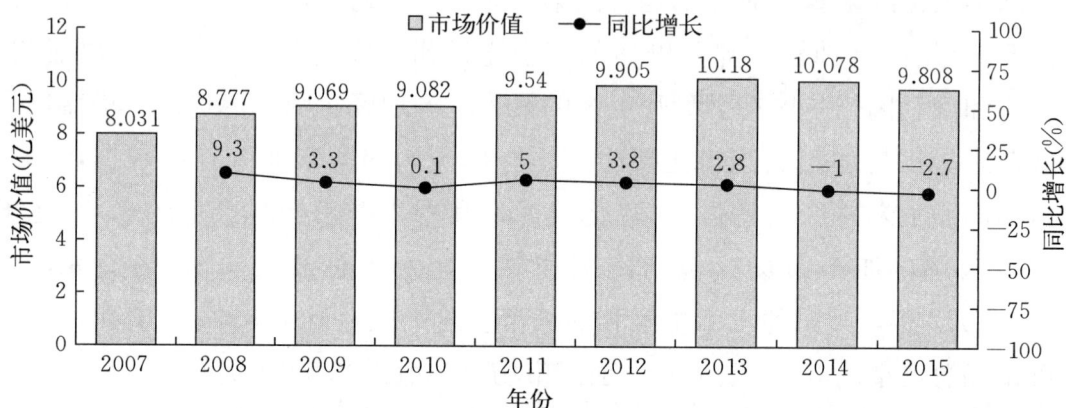

图 4-1　全球冷冻甜玉米罐头市场价值

　　从全球甜玉米罐头产品来看，2007—2015 年，全球甜玉米罐头市场价值年均增长 2.1%，趋势形态保持相对稳定，在某些年份只出现轻微波动。经过 2012—2014 年两年的增长，2014 年全球甜玉米罐头消费达到 126 亿美元的峰值，2015 年下降至 120 亿美元（图 4-2）。

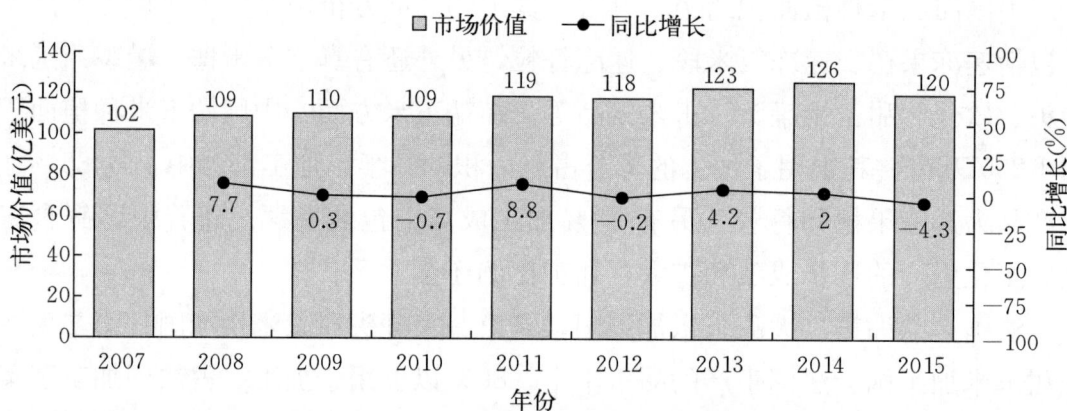

图 4-2　全球甜玉米罐头市场价值

第五章　全球鲜食玉米消费情况

一、全球鲜食玉米消费概述

在过去几十年中，鲜食玉米在一些国家和地区的饮食中的地位逐渐提升。亚洲，如中国、泰国等，以及北美地区，如美国和墨西哥，是全球鲜食玉米消费的重要地区。南美洲和非洲的一些国家也有相当大的鲜食玉米消费量，尤其是在一些传统饮食中，如巴西、阿根廷、哥伦比亚等，鲜食玉米在当地的传统菜肴中扮演着重要角色，可以作为主食或作为配菜。随着人们对健康食品和天然食材的关注增加，鲜食玉米作为一种天然、富含纤维和营养的食材，在一些地区的消费量将会进一步提升。

从消费用途来看，鲜食玉米主要有以下用途。

1. 生食

鲜食玉米可以直接作为食物食用。通常是蒸煮或烤熟后，剥下玉米粒直接食用。这是最常见的鲜食玉米用途，尤其在夏季野餐、户外烧烤等活动中受欢迎。

2. 制作玉米饼

鲜食玉米也可以用来制作玉米饼，如墨西哥的玉米卷饼（taco）、玉米脆饼（tostada）等。将玉米饼做成各种形状，可以用作食材或者食用容器。

3. 制作玉米糊

鲜食玉米可以制作成玉米浆糊，用于制作传统食品如墨西哥的玉米卷饼。

4. 制作玉米汤

鲜食玉米可被用于制作玉米汤，如美国的玉米浓汤（corn chowder）。

5. 制作沙拉

鲜食玉米作为沙拉的主要成分之一，与其他蔬菜、调味品一起搭配。

6. 加工成罐头和冷冻食品

鲜食玉米可以被加工成罐头或冷冻食品，以延长保鲜期，方便保存和使用。

7. 制作甜品

鲜食玉米也可以用于制作甜品，例如玉米布丁、玉米甜点等，通过与其他食材一起创造独特的味道。

8. 制作玉米片

鲜食玉米也可以被用来制作玉米片，作为早餐谷物、零食等。鲜食玉米有多种多样的用途，可以在各种菜肴、食品加工和烹饪方式中发挥创意，满足人们的不同口味和需求。

二、部分国家鲜食玉米消费情况

美国是全球历史上研究和利用鲜食玉米最早的国家，也是百年来甜玉米种植和生产最大的国家。但过去十年来，美国甜玉米种植面积下降了 1/4 以上，美国人均甜玉米消费量也呈下降趋势。从 2000—2020 年美国鲜食甜玉米人均消费量数据可以看出，2010 年以前美国鲜食甜玉米籽粒的人均消费量在 8 磅[①]以上（图 5-1），2011 年以后整体呈现下降趋势，2014 年首次低于 8 磅，到 2019 年基本在 5 磅，近三年更是进一步降低，约为 4 磅。

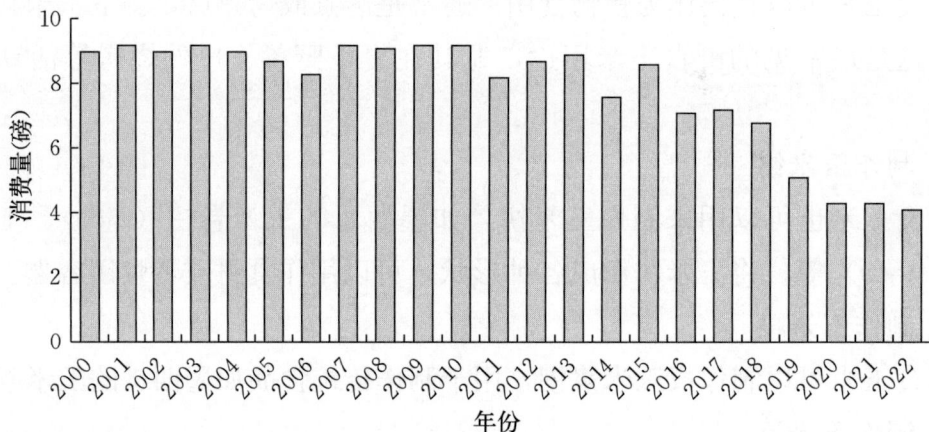

图 5-1　2000—2020 年美国甜玉米年人均消费量

（数据来源：Statista，2023）

---

① 磅为非法定计量单位，1 磅≈0.454 千克。

法国甜玉米鲜售需求有限，因此，法国每年生产的甜玉米中大部分用于加工。法国人均每年消费甜玉米罐头不到 1 千克，约 600 克。80％以上的加工产品用于出口。

三、全球鲜食玉米消费影响因素分析

全球鲜食玉米的消费情况在不同国家和地区有很大差异，主要受地域文化、饮食习惯、经济发展水平和季节等因素的影响。

1. 地域和文化

地域和文化是决定鲜食玉米消费习惯的重要因素之一。不同地区和文化有不同的饮食习惯和传统，这将直接影响人们对鲜食玉米的消费。在一些地方，鲜食玉米可能是主要的食物来源，而在其他地方可能作为一种辅助食材。

2. 季节性

鲜食玉米的消费通常会因季节而变化。夏季通常是鲜食玉米的高消费季节。

3. 经济因素

经济状况会影响人们的食物选择。鲜食玉米的价格、可获得性和消费者的收入水平都会影响其消费。

4. 市场供应

鲜食玉米的供应情况和市场稳定性会影响消费。供应充足和稳定的市场通常会促进消费增长。

5. 健康和营养认知

人们对鲜食玉米的健康和营养价值的认知将影响他们是否愿意消费。如果鲜食玉米被认为是富含营养且有益健康的食材，消费可能会增加。

6. 宣传和推广

食品宣传、媒体宣传和市场推广活动可能会影响人们的购买和消费决策。

7. 文化趋势和时尚

一些时尚和文化趋势可能会影响人们的食品选择。例如，某种鲜食玉米菜肴可能因为流行而引起消费量增加。

8. 政府政策和规定

政府的农业政策、食品安全标准等也可能影响鲜食玉米的生产和消费。支持农民、鼓励有机农业、制定食品安全准则等政策可以增强消费者对鲜食玉米的信心。

第六章　全球鲜食玉米贸易与价格分析

一、全球鲜食玉米贸易分析

1. 全球鲜食玉米主要进口国

联合国商品贸易统计数据库数据显示，以 2022 年度鲜食甜玉米进口总值数据来分析，全球主要的甜玉米进口国家为德国、日本、英国、西班牙、美国、韩国、荷兰、意大利、法国、波兰。其中，德国甜玉米的进口总值为 13 817 万美元（图 6-1），净籽粒进口量为 8.80 万吨，位居全球第一位。日本甜玉米的进口总值为 10 252 万美元，净籽粒进口量为 5.62 万吨，位居全球第二位。英国和西班牙甜玉米的进口总值分别为 9 290 万美元和 5 876 万美元，净籽粒进口量分别为 5.55 万吨和 4.69 万吨，位居全球第三位和第四位。其他几个国家的甜玉米进口总值在 2 889 万～4 971 万美元，净籽粒进口量在 1.95 万～4.24 万吨。

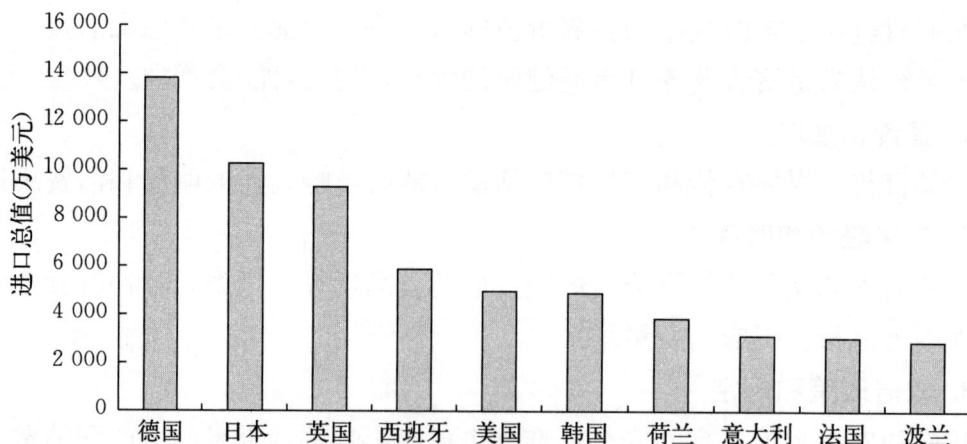

图 6-1　全球甜玉米进口总值前十国家

（数据来源：UN Comtrade）

2. 全球鲜食玉米主要出口国

联合国商品贸易统计数据库数据显示，以 2022 年度鲜食甜玉米出口总值数据来分析，全球主要的甜玉米出口国家为匈牙利、法国、中国、美国、西班牙、巴西、比利时、德国、意大利、荷兰。其中，匈牙利 2022 年度的甜玉米出口总值为 25 924 万美元（图 6-2），净籽粒出口量为 18.65 万吨，远高于其他国家。法国和中国的甜玉米出口总值分别为 18 286 万美元和 14 694 万美元，净籽粒出口量 11.29 万吨和 10.63 万吨，列居全球第二位和第三位。美国的甜玉米出口总值为 9 447 万美元，出口量为 6.60 万吨，位居全球第四位。西班牙的甜玉米出口总值为 6 556 万美元，出口量为 3.94 万吨，位居全球第五位。其他 5 个国家的出口总值在 1 390 万～2 497 万美元。

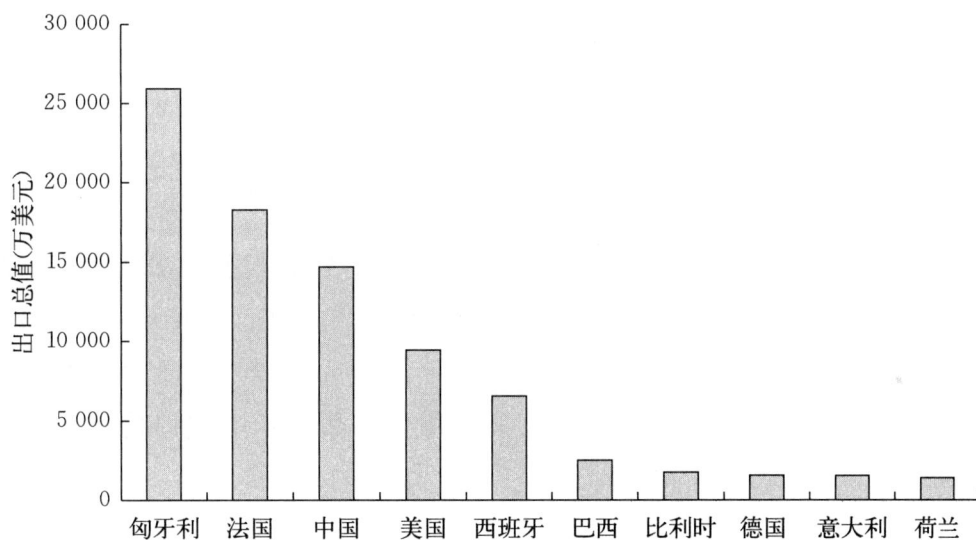

图 6-2　全球甜玉米出口总值前十国家

（数据来源：UN Comtrade）

二、全球鲜食玉米价格分析

（一）美国

2022 年，美国甜玉米的批发价格范围在每千克 0.7～1.4 美元（每磅 0.32～0.63 美元）。在华盛顿和纽约，甜玉米的零售价格在每千克 0.97～1.94 美元（每磅 0.44～0.88 美元）。2023 年 8 月，美国甜玉米的零售价格范围为每千克 1～2 美元（每磅 0.45～0.91 美元）。

过去五年来，美国每千克甜玉米的出口价格稳步上涨。2017 年的价格为
1.15 美元，2021 年为 1.27 美元，涨幅为 10.4%。2022 年的价格最高，为
1.43 美元。未来几年，甜玉米的出口价格可能会继续上涨（图 6 - 3）。

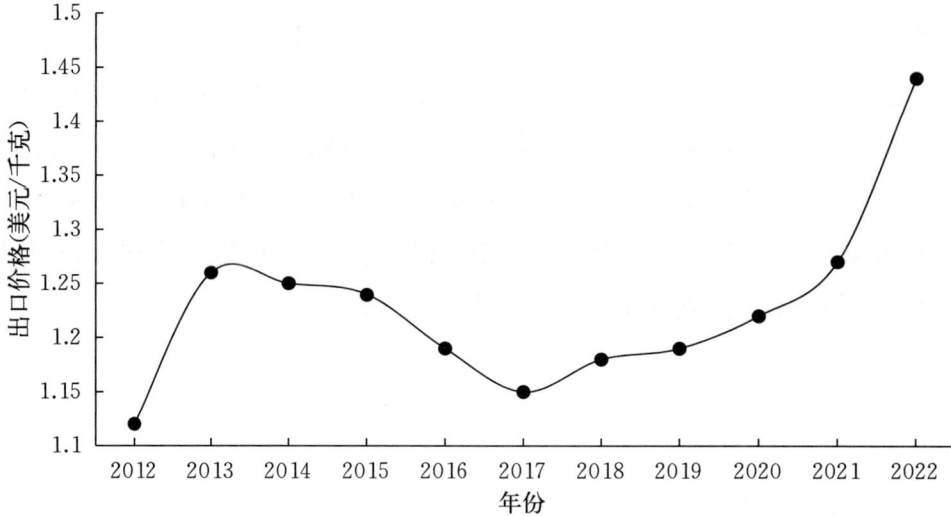

图 6 - 3　美国甜玉米年际间出口价格变化

2017—2022 年，美国每千克甜玉米的进口价格相对稳定。2017 年，价格
为 1.15 美元/千克，2018 年和 2019 年为 1.18 美元/千克。2020 年，价格上涨
至 1.22 美元/千克，然后在 2021 年进一步上涨至 1.27 美元/千克。最高价格
出现在 2022 年，为 1.43 美元/千克。美国每千克甜玉米的进口价格可能会保
持相对稳定。

（二）加拿大

2022 年 8 月，加拿大甜玉米的零售价格范围为每千克 2～4 美元（每磅
0.91～1.81 美元）。渥太华和蒙特利尔甜玉米的零售价（以加元计）在每千克
2.7～5.4 加元（每磅 1.22～2.45 加元）。2023 年，加拿大甜玉米的批发价格
范围为每千克 1.4～2.8 美元（每磅 0.63～1.27 美元）。

加拿大每千克甜玉米的出口价格在 2016 年降至近几年来最低，为每千克
1.05 美元，随后几年逐渐上升，到 2021 年，价格为 1.18 美元/千克，2022 年
上涨至 1.45 美元/千克（图 6 - 4）。预计未来几年价格会保持平稳。

2017—2022 年，加拿大每千克甜玉米的进口价格相对稳定。2017 年，每
千克甜玉米的进口价格为 1.06 美元，2018 年为 1.08 美元，2019 年为 1.12 美

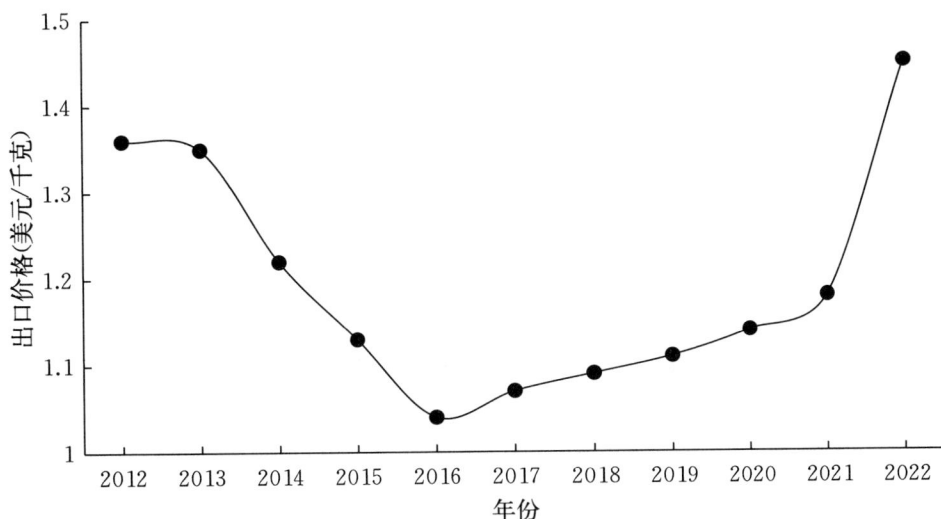

图 6-4　加拿大甜玉米年际间出口价格变化

元，2020 年为 1.14 美元，2021 年为 1.16 美元。预测 2024 年加拿大每千克甜玉米的进口价格将为 1.20 美元。

（三）澳大利亚

澳大利亚甜玉米 2023 年 8 月的零售价格范围为每千克 1.51～2.92 美元（每磅 0.68～1.32 美元）。堪培拉和墨尔本甜玉米的零售价格（澳元）范围为每千克 2.27～4.39 澳元（每磅 1.03～1.99 澳元）。2023 年，澳大利亚甜玉米的大致批发价格范围为每千克 1.06～2.04 美元（每磅 0.48～0.93 美元）。

2017—2022 年，澳大利亚每千克甜玉米的出口价格变化很大。2017 年，价格最高时为每千克 3.00 美元，2019 年降至每千克 1.51 美元。随后，价格再次上涨至 2020 年每千克 1.64 美元，2021 年每千克 2.16 美元。2022 年每千克甜玉米的出口价格为 1.75 美元（图 6-5）。

2017—2022 年，澳大利亚每千克甜玉米的进口价格相对稳定。2017 年，该价格最高为 3.00 美元，2019 年降至 1.51 美元。自 2019 年以后，价格一直在逐步上涨，2021 年达到 2.16 美元。预计未来几年甜玉米的进口价格将保持在同一水平。

（四）南非

南非甜玉米 2023 年 8 月的零售价格范围为每千克 1～3 美元（每磅 0.45～

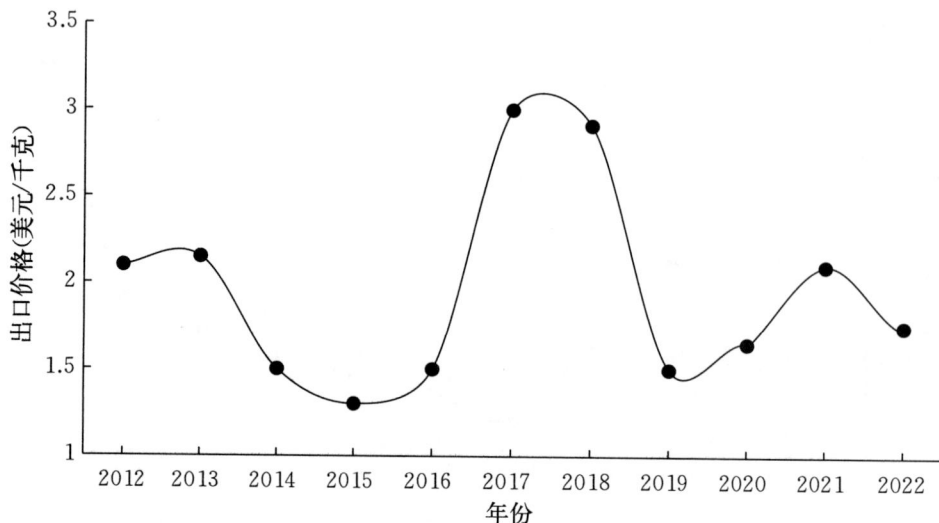

图 6 - 5 澳大利亚甜玉米年际间出口价格变化

1.36 美元）。在约翰内斯堡和开普敦，甜玉米的零售价格在每千克 19.43～
58.29 南非兰特。2023 年，南非甜玉米的批发价格范围为每千克 0.7～2.1 美
元（每磅 0.32～0.95 美元）。

2015 年，南非甜玉米的出口价格为每千克 1.89 美元。2016 年的出口价格
是每千克约 1.70 美元。2017 年的出口价格略有上涨，为每千克 1.72 美元，
2018 年与 2017 年持平。2019 年甜玉米出口价格是每千克 1.81 美元。2020 年
的平均出口价格降至每千克 1.24 美元。2021 年的出口价格是每千克 1.39 美
元。2022 年出口价格为每千克 1.29 美元（图 6 - 6）。

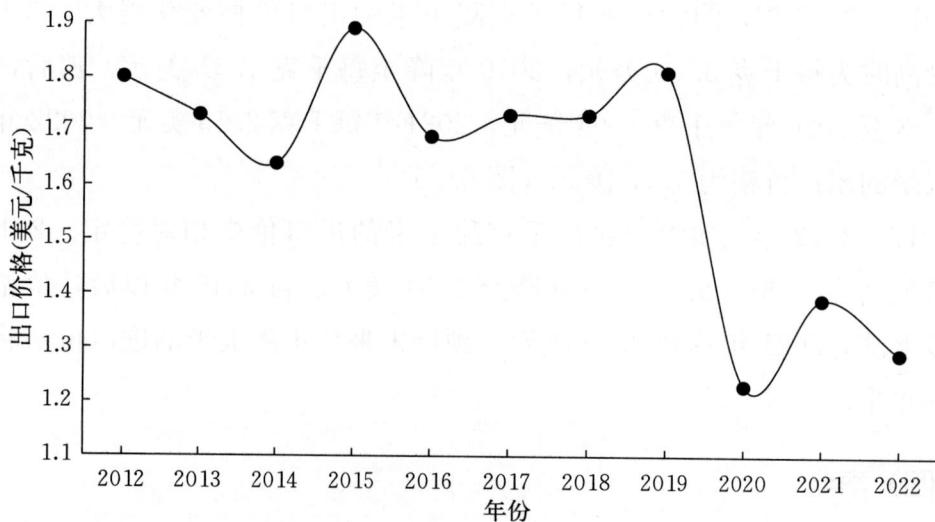

图 6 - 6 南非甜玉米年际间出口价格变化

2017—2022 年，南非甜玉米的进口价格相对稳定。2017 年，价格为每千克 1.74 美元，2018 年保持不变。2019 年，价格小幅上涨至每千克 1.81 美元，2020 年降至每千克 1.24 美元。2021 年，价格再次上涨至每千克 1.38 美元，2022 年降至每千克 1.29 美元。基于这一趋势，2023 年和 2024 年南非甜玉米的进口价格保持相对稳定。

第七章 基于 SCI 论文的全球鲜食玉米发展态势分析

一、数据来源

本章数据来源是科睿唯安的 Web of Science 核心合集数据库，该数据库收录的文献覆盖了全世界最重要和最有影响力的研究成果，是世界公认的自然科学领域最为重要的评价工具。利用主题词，设计与鲜食玉米相关研究的检索式如下：TS=（（"fresh corn" or "fruit corn" or "waxy corn" or "sweet corn" or "sweet-waxy corn" or "sugary corn"））OR TS=（（"fresh maize" or "fruit maize" or "waxy maize" or "sweet maize" or "sweet-waxy maize" or "sugary maize"）），检索 2002 年以来发表的鲜食玉米相关的研究论文（文献类型为 Article 和 Review，检索时间为 2023 年 8 月 16 日）。并在整体数据集基础上，精准检索与鲜食玉米研究相关的文献数据。以鲜食玉米全领域文献和鲜食玉米育种领域文献分别为分析的数据集，并运用 DDA 分析工具，对该领域全球发文量的变化趋势、主要发文国家和机构、研究人员、发表期刊、资助来源、研究领域和研究主题等指标进行分析，以期揭示鲜食玉米领域的发展态势，把握国际前沿发展动态，为制定研究战略和发展方向提供参考。

二、结果与分析

（一）基于 SCI 论文的全球鲜食玉米全领域研究态势

1. 全球发文数量及年度变化

发文量可表征科学界对本领域的关注程度，一定意义上反映该领域的发展速度和发展程度。通过对 2002—2023 年 Web of Science 核心合集数据库进行检索，共检索到鲜食玉米相关文献 4 086 篇，年度发文分布情况如图 7-1 所示。2002 年以来，鲜食玉米的发文量呈现逐年上升趋势，由 2002 年的 108 篇上升到 2022 年的 310 篇，2023 年因发文量数据延迟有所下滑。从 2022 年最高点来看，发文量提升了 1.8 倍。可见，全球在鲜食玉米领域的研究逐渐兴起并蓬勃发展。其中，2019—2023 年总发文量为 1 372 篇，占总发文量的 33.58%。尤其是 2016 年以后，发文量突涨并保持上升趋势（由于数据延迟，2023 年度发文量仅供参考），表现出较强的研究活力。

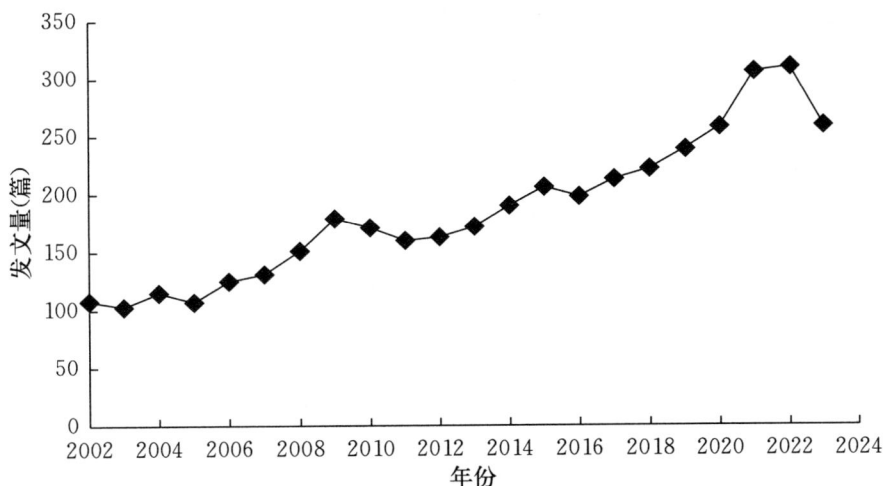

图 7-1　全球鲜食玉米相关研究发文量变化

2. 主要国家总发文量分析

从第一作者和通讯作者的国别来看，2002—2023 年美国和中国在鲜食玉米领域的研究发文量占前两位（图 7-2），分别为 1 152 篇和 1 056 篇，远高于

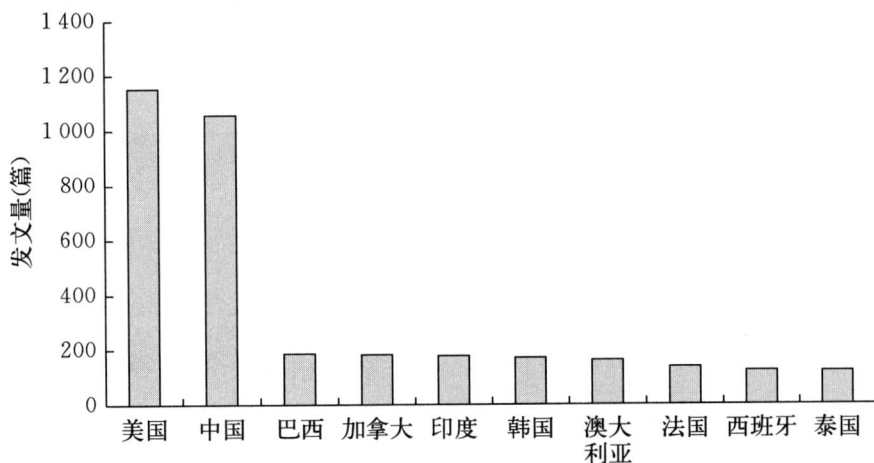

图 7-2　2002—2023 年鲜食玉米研究发文量靠前的国家

其他国家，说明美国和中国在鲜食玉米领域的研究实力较强。进入前十的国家还有巴西、加拿大、印度、韩国、澳大利亚、法国、西班牙和泰国。

3. 中美两国年度发文量

对鲜食玉米研究发文量排名前 2 位的中国和美国的年度发文量进行进一步分析表明（图 7-3），2006 年以前，中国在鲜食玉米领域的研究很少，发文量仅在 10 篇以下。2006 年以后，中国在鲜食玉米领域的研究逐渐兴起。至 2013 年，中国在鲜食玉米领域的年度发文量达 43 篇，与美国持平，之后呈现持续迅速上升趋势，超越美国。尤其是 2018 年以后上升趋势显著，到 2022 年达 148 篇，近 5 年累计发文量 575 篇，占总发文量的一半以上。2002—2022 年，美国在鲜食玉米领域研究的发文量整体较为平稳，每年保持在 37～66 篇。2002—2012 年期间，美国在鲜食玉米领域的年度发文量远高于中国，说明美国在鲜食玉米领域的研究比中国要早，但发文量有下降趋势。之后发文量有所回升，但是上升趋势乏力，直到 2014 年发文量被中国超越。2019—2023 年发文量总计 250 篇，仅为中国发文量的 43.48%。

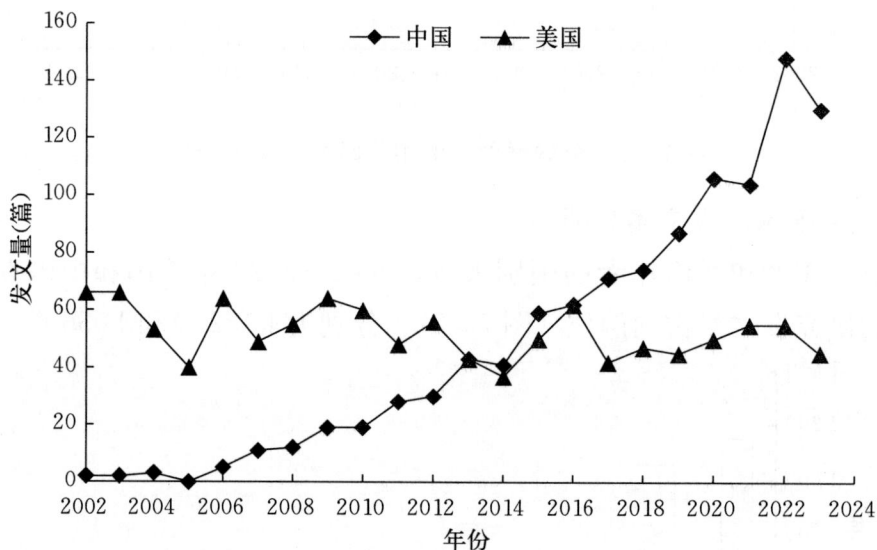

图 7-3　2002—2023 年中美两国鲜食玉米研究发文量年度变化

4. 排名前十的研究机构

全球鲜食玉米研究相关机构有近 7 000 家。从发文量来看，2002—2023 年美国农业部在鲜食玉米领域研究的发文量为 253 篇（图 7-4），位于第一位。中国江南大学发文量 133 篇，位于第二位，伊利诺伊大学发文量 102 篇，位居第三位。佛罗里达大学和康奈尔大学，为 97 篇，并列第四位。华南理工大学发文 94 篇，位居第六位。另有印度农业研究理事会、普渡大学、威斯康星大学、圭尔夫大学进入全球排名前十位。排名前十的机构中，来自中国的科研机构有 2 家，来自美国的科研机构有 6 家，另有来自印度和加拿大的机构。

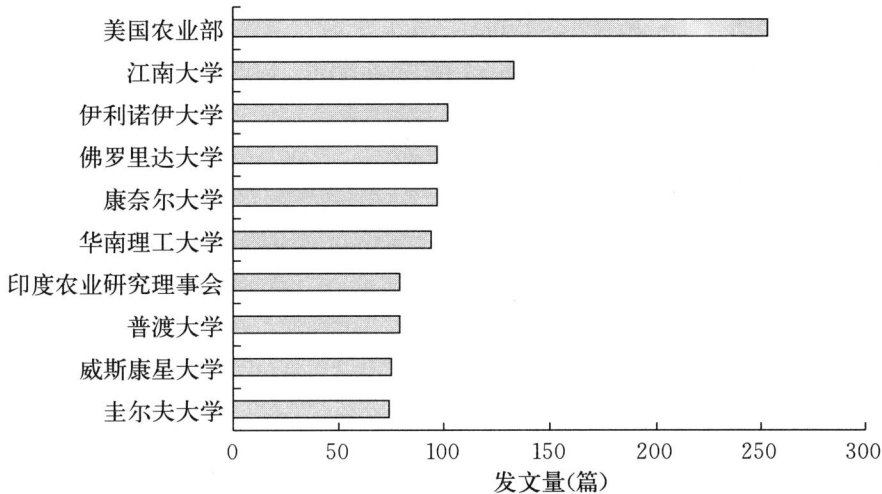

图 7-4　全球鲜食玉米研究排名前十的机构

5. 主要资助机构

鲜食玉米的研究资助机构首先来自中国的国家自然科学基金（521 篇），其次为美国农业部（105 篇），再次是中国国家重点研发计划（76 篇），其他资助机构发文较少，在 70 篇以下。

6. 主要研究热点

（1）鲜食玉米营养物质研究　主要涉及鲜食玉米营养物质的测定分析方法以及不同物质及工艺对鲜食玉米营养物质如淀粉、胡萝卜素、黄酮类化合物、维生素、花青素等物理、化学和功能性质的影响。

（2）鲜食玉米栽培管理措施研究　主要包括播种时期、肥料投入、干旱或灌溉、秸秆还田、病虫害防治、地膜覆盖、温度、盐度、密度、种植模式、种植制度等农艺管理措施及环境对鲜食玉米产量、水肥资源利用效率、营养物质含量、经济环境效益的影响。

（3）鲜食玉米育种技术研究　主要涉及甜玉米、糯玉米、甜加糯玉米种质资源的创新及新品种的选育，农艺性状的配合力、性状遗传性能、杂种优势、基因类型及定位、基因编辑、基因组学、基因改良与遗传调控以及回交、杂交、分子标记辅助选择等传统和精准育种技术研究。

（二）基于 SCI 论文的全球鲜食玉米育种领域研究态势

1. 鲜食玉米育种相关发文量及年度变化

通过检索 2002—2023 年与鲜食玉米育种相关的论文，共检索出 712 篇，其中 2018—2022 年发文量为 281 篇（图 7-5），占 2002 年以来总发文量的 39.47%。从年度发文量变化来看，整体呈现稳步上升趋势。2002 年对鲜食玉米育种的研究处于起步阶段，发文量为 16 篇，一直持续到 2008 年，才达到 20 篇以上。2020 年以后年度发文量上升趋势明显，说明近些年对鲜食玉米的育种研究受到关注并蓬勃发展起来。

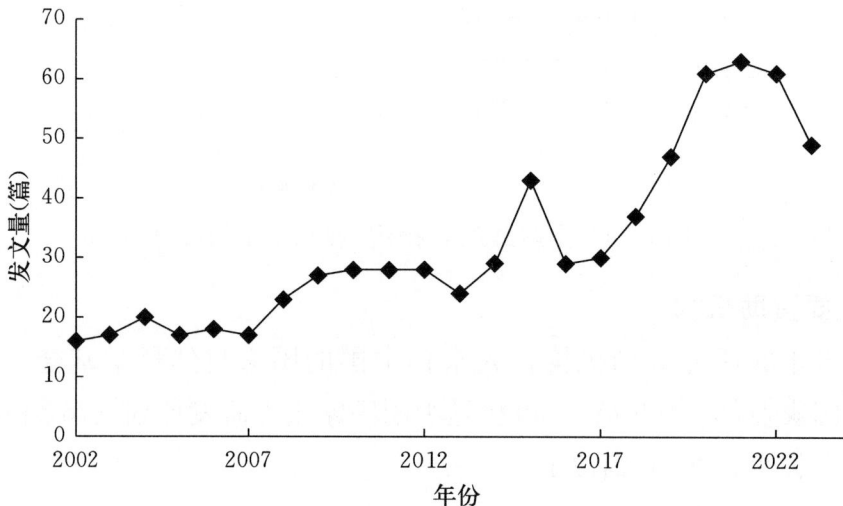

图 7-5　全球鲜食玉米育种相关发文量年度变化

2. 鲜食玉米育种主要研发国家

从提取到的数据集结果来看，美国和中国是鲜食玉米育种研究的主要国家，发文量分别为 224 篇和 196 篇，分别占总发文量的 31.46% 和 27.53%，即两国在鲜食玉米育种领域的发文量之和占全球总发文量的一半以上，远高于排名之后的印度（48 篇）、巴西（43 篇）和西班牙（31 篇）。美国和中国发表论文的总被引频次分别为 5 706 次和 2 882 次，单篇被引频次分别为 25 次和 15 次。被引频次 50 次以上的论文数分别为 24 篇和 6 篇，与美国相比，中国论文的影响力尚显薄弱。

从国际合作论文数量来看，美国鲜食玉米育种相关论文的国际合作论文比例达 29.91%，中国在该领域的国际合作论文比例为 21.43%，与美国相比，中国在鲜食玉米育种领域的国际合作还有待提升。

3. 鲜食玉米育种排名前十研发机构

从主要研究机构来看，美国农业部在鲜食玉米育种领域的发文量居全球第一位（图 7-6），为 60 篇；其次为印度农业研究委员会，发文量为 43 篇。排名第三位的是威斯康星大学，发文量为 41 篇。排名前十的研究机构中，来自美国的有 5 家，除美国农业部以外，其他为威斯康星大学、伊利诺伊大学、康奈尔大学和佐治亚大学；来自中国的有 2 家，分别为广东省农业科学院和扬州大学。来自西班牙、印度和泰国的各有 1 家，分别为西班牙高等学术研究委员会、印度农业研究委员会和孔敬大学。各个国家发文量在 17～60 篇不等。

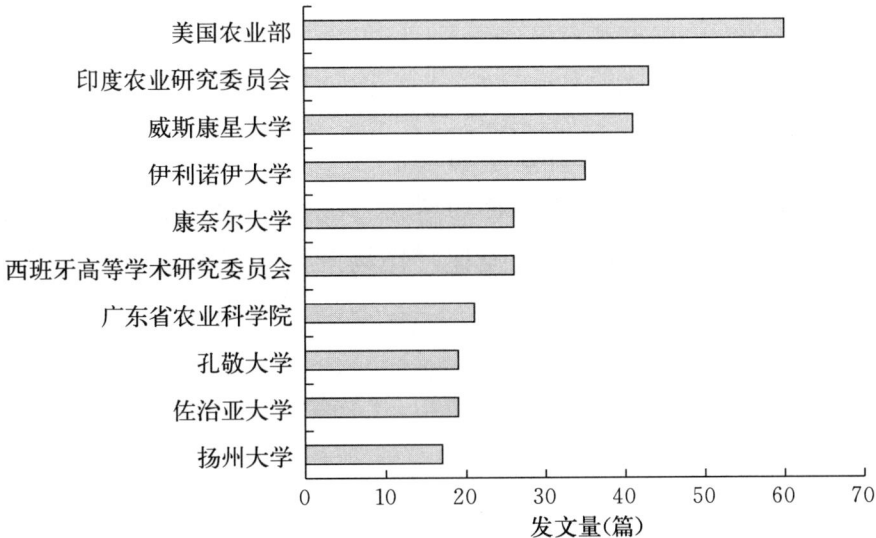

图 7-6　全球鲜食玉米育种研究前十机构

4. 鲜食玉米育种研究主要资助机构

全球对鲜食玉米育种相关的研究资助来源主要是中国国家自然科学基金（图 7-7），发文量达 81 篇，占总发文量的 11.38%；其次是来自美国农业部及所属机构，发文量为 30 篇。其他资助主要来自中国国家重点研发计划、美国国家科学基金和中国江苏省高校重点学科建设。

5. 鲜食玉米育种领域主要研究热点

全球鲜食玉米育种相关的研究方向主要涉及植物科学、农艺学、食品科学与技术、生物化学和分子生物学、应用化学等领域（图 7-8）。

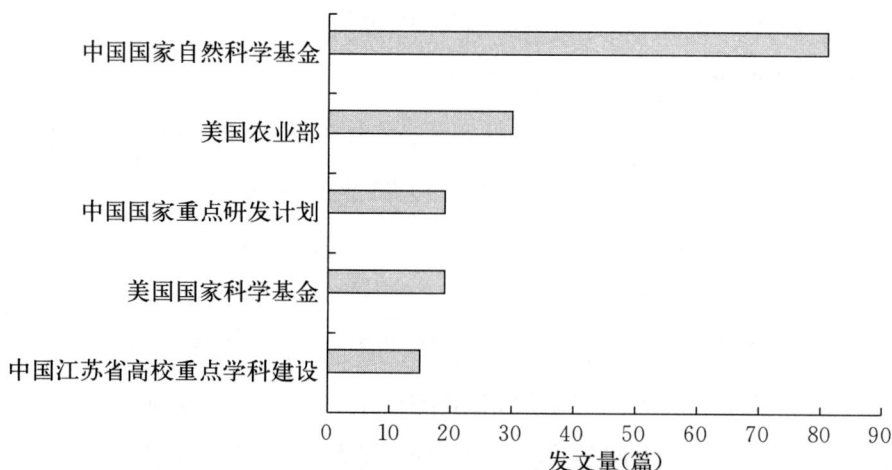

图 7-7 全球鲜食玉米育种研究主要资助来源

基于作者关键词的相关研究主题主要有以下方面。

（1）鲜食玉米的基因定位及遗传性状研究　主要包括数量性状基因座（QTL）、基因表达、转录组测序、标记辅助选择、遗传多样性、杂种优势、品种驯化及配合力等育种理论和技术研究。

（2）鲜食玉米品种选育相关指标的研究　淀粉含量及结构、抗氧化剂、类胡萝卜素花青素等营养品质、生物强化、作物产量，以及盐碱、干旱等环境胁迫和抗病虫草害性能相关研究。

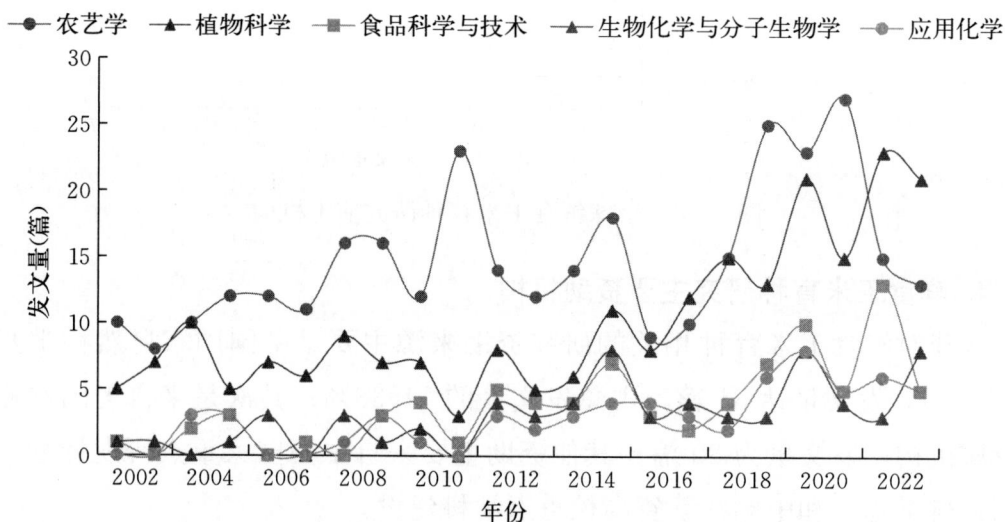

图 7-8 全球鲜食玉米育种主要研究方向年度发文量变化

（数据来源：web of science）

第八章　基于专利的全球鲜食玉米研发态势分析

一、数据来源

利用智慧芽专利数据库，在题目和摘要中检索包含"fresh or waxy or sweet or sweet－waxy or sugary or shrunken or baby""maize or corn or 'Zea maize'"授权的发明、实用新型以及近期新申请的专利，提取 2002—2022 年全球与鲜食玉米研发相关的专利数据进行统计和分析。

二、结果与分析

（一）基于专利的全球鲜食玉米全领域研发态势分析

1. 专利申请量分析

在鲜食玉米研发领域，2011 年以前申请的发明和实用新型专利数量偏少，每年在 400 件以下（图 8-1）。2012—2015 年期间该领域专利申请量迅速增加，由 2012 年的 620 件上升到 2015 年的 2 576 件，是 2012 年的 4 倍有余。2016 年以后，申请量又逐年下降，到 2022 年为 500 余件。2018—2022 年近 5 年，鲜食玉米研发相关专利申请量为 4 250 件，其中 2022 年的申请量仅为 2018 年的约 1/3。

2. 专利授权量分析

2002—2022 年，鲜食玉米相关研发领域总计有 2 574 件授权的发明专利、825 件授权的实用新型专利，另外还有 1 582 件近期申请还未进入实质审查阶段的专利。从年度变化来看，2005 年以前，每年授权的专利在 65 件以下（图 8-2），2006 年以后逐年增加，至 2011 年每年授权的专利保持在 107～143 件，2012

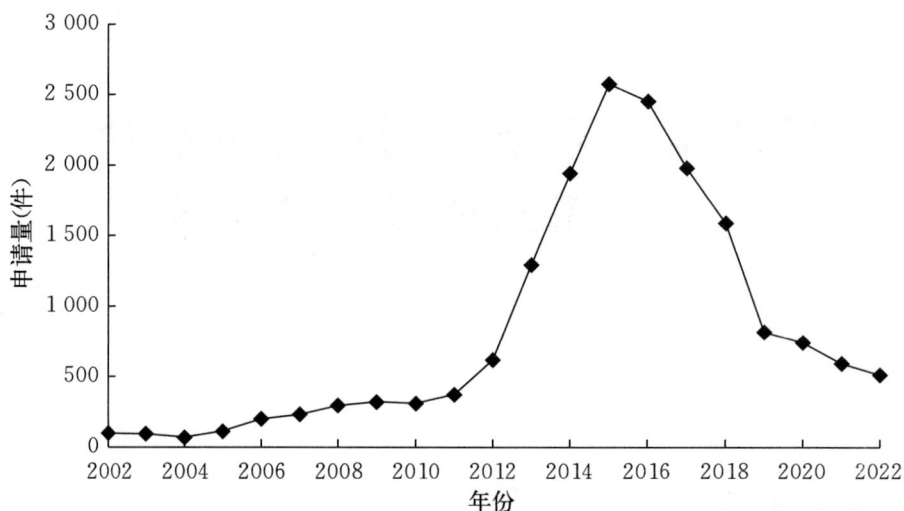

图 8-1 2002—2022 年鲜食玉米研究领域发明和实用新型专利申请量

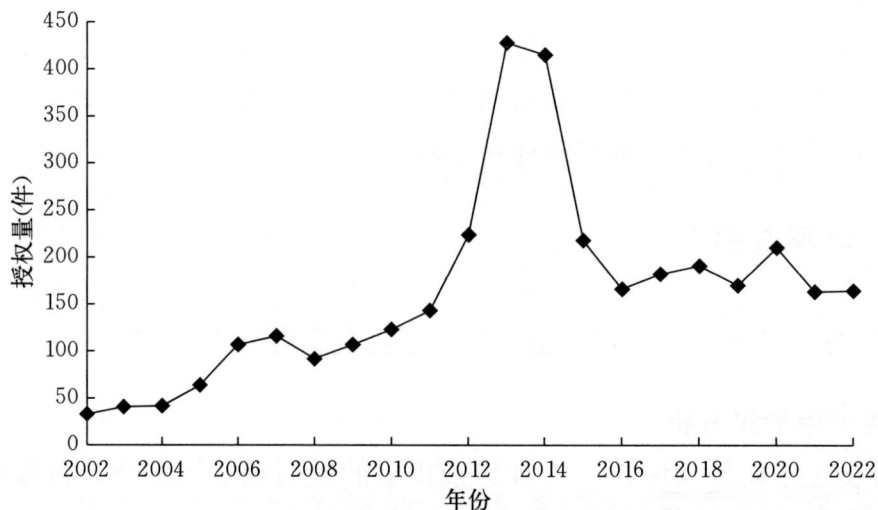

图 8-2 2002—2022 年鲜食玉米研究领域授权的发明和实用新型专利数量

年授权专利达 224 件，与 2011 年相比，专利授权量增加了 56.6%。2013 年、2014 年相关专利数量达到高峰，分别为 428 件和 415 件。2015 年以后，每年授权的专利数量有所降低，保持在 163~210 件。2018—2022 年近 5 年专利授权量为 898 件，占 2002 年以来总授权量的 34.89%，占比相对较大。与专利申请量相比，在鲜食玉米研发领域的总体授权率偏低，仅为 21.13%。

3. 主要申请国家

2002 年以来，在鲜食玉米领域研发的相关专利申请量中国远高于其他国家及组织，达上万件，其后依次是美国、世界知识产权组织、欧盟、韩国和巴

西，每个国家或组织申请量在 400～800 件不等。2018—2022 年，中国仍是鲜
食玉米相关研发的主要国家，其后依次是美国、世界知识产权组织、欧盟、巴
西和加拿大。从已授权的专利数据来看，2018—2022 年中国在鲜食玉米研发
领域的授权量达 863 件，仍是远高于其他国家或组织（100 件以下）。

4. 排名前十研发机构

从近 5 年鲜食玉米相关专利申请机构来看，孟山都科技公司、巴斯夫植物
科学有限公司以及圣尼斯蔬菜种子公司排名全球前三，申请量分别为52 件、48
件和 35 件（图 8-3）。另还有来自日本的谷类制品发展公司进入全球排名前十。
来自科研院所的有 5 家，分别是中国农业科学院、安徽科技学院、上海市农业
科学院、广西农业科学院蔬菜研究所以及中国科学院，申请量在30 件以内。另
还有来自土耳其的 ISTANBUL GELISIM 大学进入全球前十。

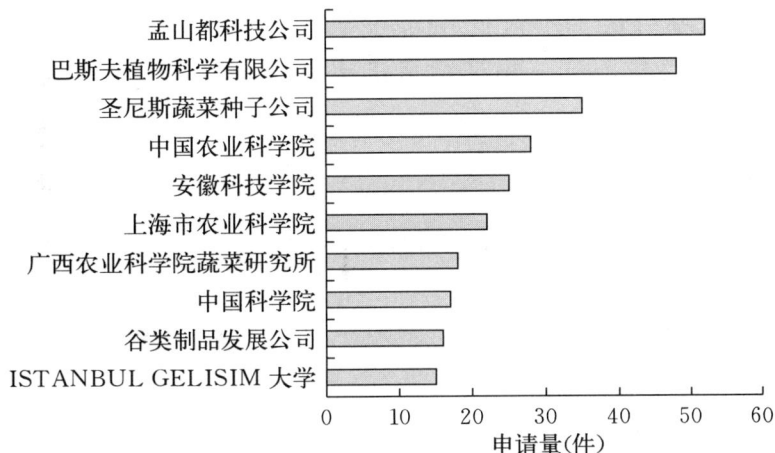

图 8-3　2018—2022 年全球鲜食玉米研发专利申请量前十机构

5. 应用领域

从专利来看，鲜食玉米研发涉及的应用领域主要是在食品加工方面，占总
申请量的 17.6%（图 8-4）。其他应用领域主要涉及植物/藻类/真菌/苔藓成
分、谷物栽培、食品成分作为口感改良剂、有改性成分烘烤食品以及生物废物
制成的肥料方面。

（二）基于专利的全球鲜食玉米育种领域研发态势分析

1. 全球鲜食玉米育种相关专利数量

数据显示，2002 年以来，在鲜食玉米育种领域的专利申请量总计为 1 129

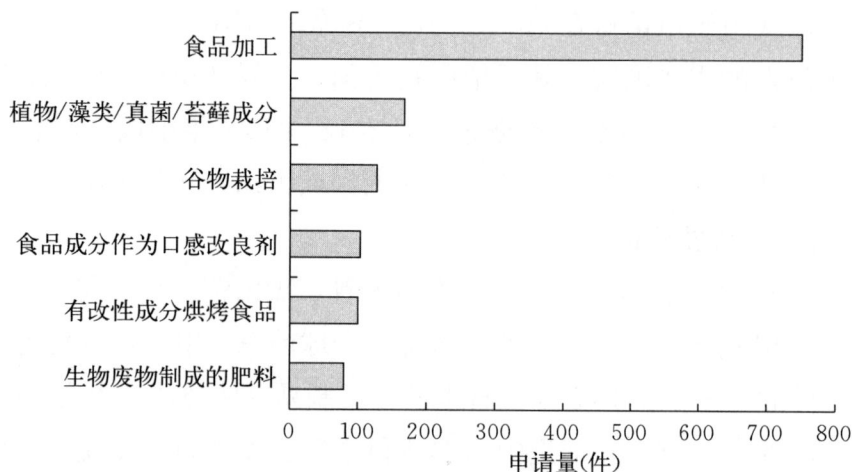

图 8-4 2018—2022 年全球鲜食玉米研发专利应用领域

件。其中，授权量仅为 174 件，处于实质审查阶段 94 件。从申请量趋势来看，在 2012 年以前全球鲜食玉米育种相关的专利申请量偏低，每年在 1～19 件不等（图 8-5）。2012 年以后，申请数量迅速增加，到 2017 年达到高峰，为 212 件，之后转为下降趋势。2018—2022 年申请量总计为 412 件，近三年申请量保持在 45～60 件。

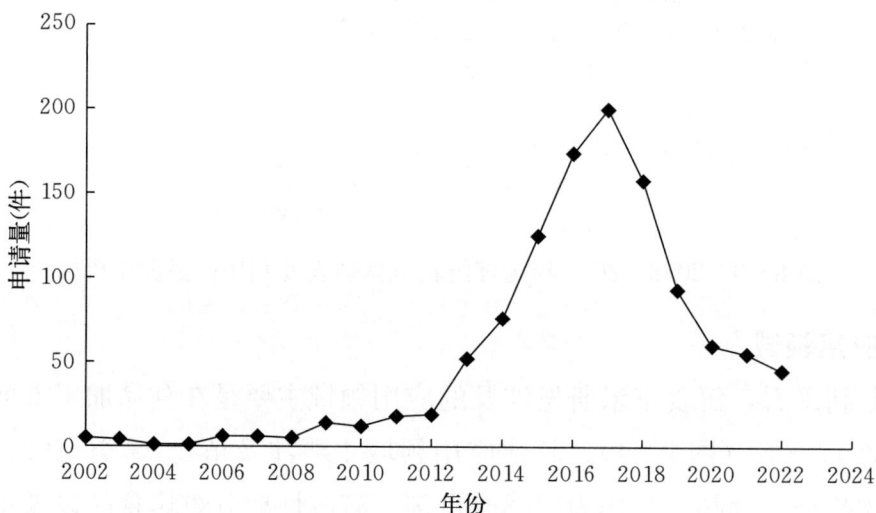

图 8-5 全球鲜食玉米育种专利申请量年度变化

2. 全球鲜食玉米育种排名前十研发机构

从鲜食玉米相关专利申请机构来看，研发机构总计 200 余家。鲜食玉米育种领域的专利申请量来自公司的有 600 余件，来自科研院所的有 200 余件。申请量排名前 5 的机构来自孟山都科技公司、巴斯夫植物科学有限公司、谷类制品发展公司、圣尼斯蔬菜种子公司、广东省农业科学院作物研究所（图8-6）。前5位研发机构中，来自企业的有4家，科研院所的仅有1家。第6～10位分别是南京市蔬菜科学研究所、张家口颐粟科技有限公司、上海市农业科学院、福建农林大学和北京市农林科学院。这5个机构主要是科研院所，企业仅有1家。

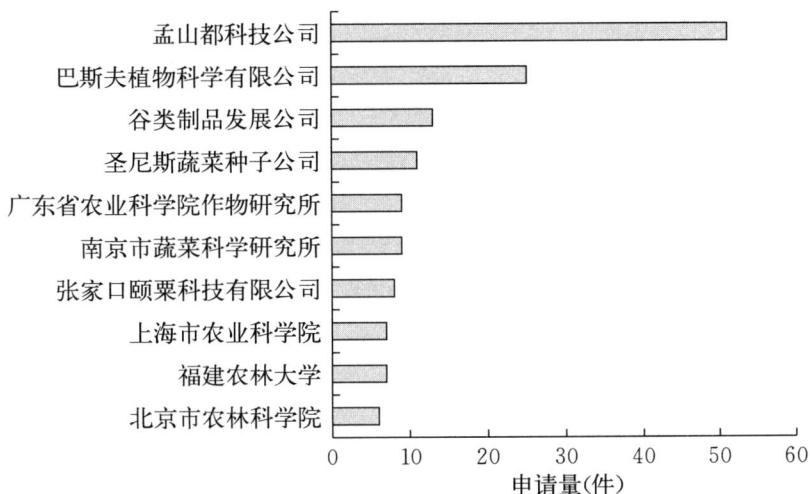

图8-6　全球鲜食玉米育种主要研发机构

3. 全球鲜食玉米育种主要技术主题

全球鲜食玉米育种相关专利主要来自中国。所研发的技术主题主要涉及IPC分类中"A01H/02杂交的方法或设备；人工授粉""C12N15突变或遗传工程；遗传工程涉及的DNA或RNA，载体（如质粒）或其分离、制备或纯化""A23K10/30从植物来源的材料""C12Q1包含酶、核酸或微生物的测定或检验方法（免疫检测入G01N33/53）；其所用的组合物或试纸；这种组合物的制备方法；在微生物学方法或酶学方法中的条件反应控制"等方面（图8-7）。

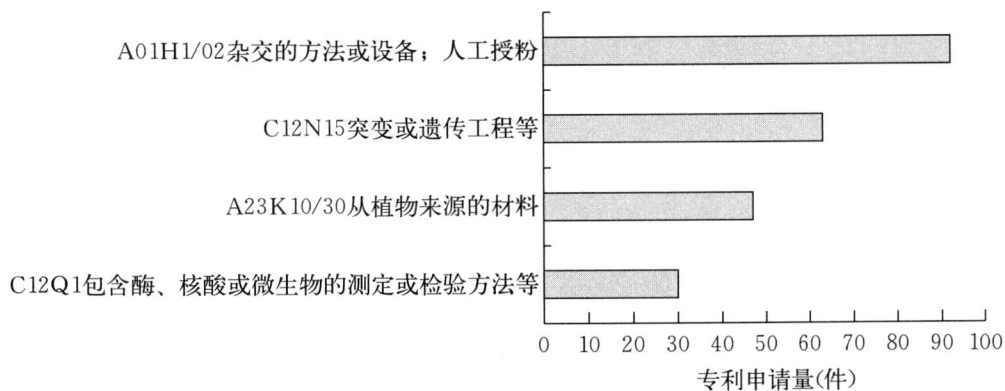

图8-7　全球鲜食玉米育种主要技术主题

第二篇 中国鲜食玉米种业及产业发展现状

2023全球鲜食玉米种业及产业发展报告

第九章　中国鲜食玉米生产情况

一、产业发展概况

虽然糯玉米起源于我国，并在我国各地尤其是云贵川等西南地区有较长的种植历史，但现代的杂交育种工作则起步较晚。直到 1980 年左右，我国才开始糯玉米的杂交育种工作，后来快速发展至今。我国鲜食玉米产业发展大致可分为以下 3 个阶段。

1. 起步阶段（20 世纪 80 年代至 2002 年）

20 世纪 70 年代以前，我国仅有零星鲜食玉米种植和育种工作。1975 年，烟台市农业科学研究所育成我国第一个糯玉米单交种烟单 5 号；1989 年，山东农业科学院玉米研究所育成黄糯品种鲁糯 1 号。解决温饱之后的 20 世纪 80—90 年代，鲜食玉米育种工作逐渐开展起来，也开始有一些规模化的种植，如糯玉米品种有中糯 1 号、苏玉糯 1 号、垦粘 1 号等；甜玉米品种有甜单 8 号、金银 99 等，并引进国外甜玉米（广东、吉林）种植加工等。但直到 21 世纪初，我国鲜食玉米年种植面积不足百万亩，2002 年之前国审鲜食玉米品种也仅有 3 个（苏玉糯 1 号、沪玉糯 1 号、蜜玉 8 号）。这一时期属于我国鲜食玉米育种工作和产业化发展的起步阶段。

2. 快速发展阶段（2003—2017 年）

自 2003 年开始，我国鲜食玉米育种和产业化进入了快速发展阶段。在开始正式设鲜食玉米品种国家区试之后，持续有鲜食玉米品种通过国家审定。

2003—2017 年共有国审鲜食玉米品种 143 个，其中甜玉米品种 52 个，糯及甜加糯玉米品种 91 个，对促进我国鲜食玉米产业快速发展，并成为全球第一大鲜食玉米生产国和消费国发挥了重要科技支撑作用。这时期重要品种有绿色超人、京科糯 2000、万糯 2000、彩甜糯 6 号等。与此同时，鲜食玉米种植面积快速增长，从不足百万亩发展到 2 000 万亩左右，鲜食玉米也成为我国非常有国际市场竞争力的产品，特别是具有我国特色的鲜食糯玉米和甜加糯玉米。

3. 品种多样化发展阶段（2018 年至今）

2018 年以来，随着品种试验及审定渠道扩宽，品种试验联合体、绿色通道等的相继成立及开放，鲜食玉米品种数量呈爆发式增长，2018—2023 年国审鲜食玉米品种 336 个，其中甜玉米品种 124 个，糯玉米品种 143 个，甜加糯型玉米品种 69 个。熟期上有早、中、晚不同熟期，颜色上有白、黄、紫、花等不同花色，穗型上有大、中、小、微型果穗，满足了不同种植需求和消费者多样化需求。这一阶段甜加糯玉米得到快速发展，成为新的生力军（图 9-1）。我国鲜食玉米年种植面积发展到 2023 年的约 2 600 万亩（图 9-2），成为全球最大的鲜食玉米生产国和消费国。鲜食玉米也成为我国科技帮扶、乡村产业振兴的重要抓手，并且中国的糯玉米品种及种子和产品已走出国门，向外输出，开始影响周边国家和全球。

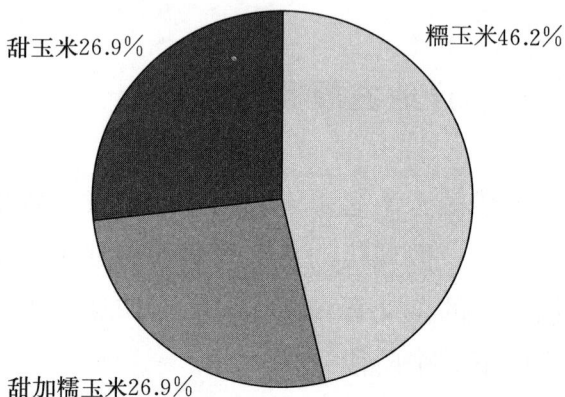

图 9-1　我国鲜食玉米类型及种植面积占比

糯玉米46.2%
甜玉米26.9%
甜加糯玉米26.9%

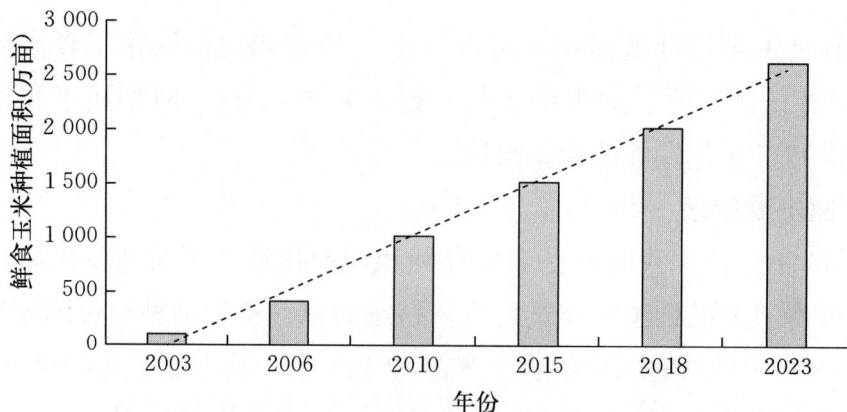

图 9-2　2003—2023 年我国鲜食玉米种植面积变化

（数据来源：中国种子协会、全国农业技术推广服务中心）

近年来习近平总书记提出"大食物观",从吃饱到吃好,再到吃得健康,我国鲜食玉米已进入高质量发展阶段,选育"更好种、更好吃、更有营养"的新品种,并开发多样化产品,不断满足人民群众对鲜食玉米美味和营养的更高追求,同时也不断提升我国鲜食玉米在国际上的市场竞争力。

二、种植区域分布

从我国鲜食玉米品种国家区域试验中种植生态区划分来看,主要分为东华北区、黄淮海区、西南区、东南区。

东华北区主要包括黑龙江省第五积温带至第一积温带、吉林、辽宁、内蒙古、河北、山西、北京、新疆、宁夏、甘肃、陕西等省份年≥10 ℃活动积温1 900 ℃以上玉米春播种植区。

黄淮海区主要包括北京、天津、河北中南部、河南、山东、陕西关中灌区、山西南部、安徽和江苏两省淮河以北地区等玉米夏播种植区。

西南区主要包括四川、重庆、贵州、湖南、湖北、陕西南部海拔800米及以下的丘陵、平坝、低山地区及云南省中部的丘陵、平坝、低山地区。

东南区主要包括安徽和江苏两省淮河以南地区、上海、浙江、江西、福建、广东、广西、海南(图9-3)。

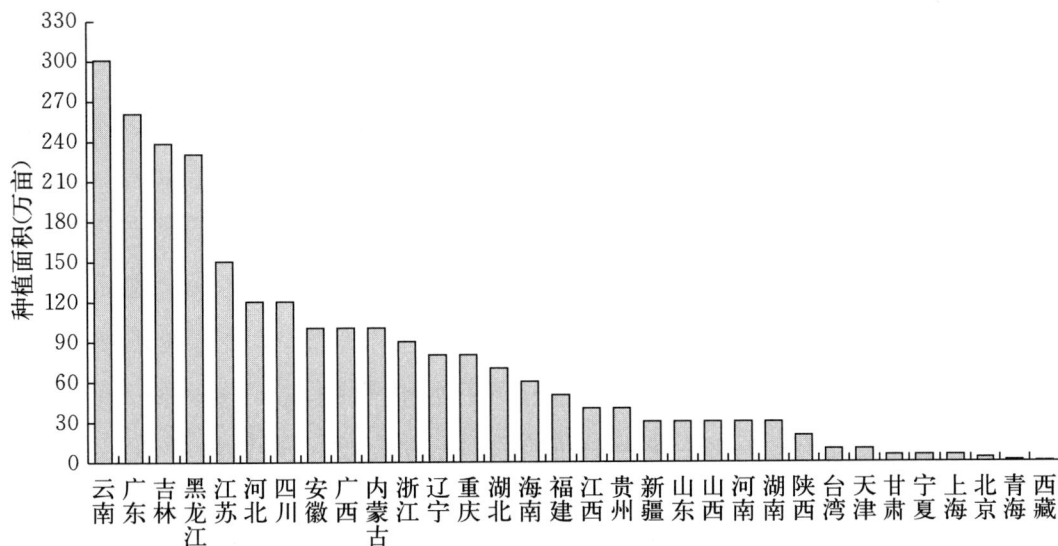

图9-3 我国不同省份鲜食玉米种植面积(含复种)

(数据来源:中国种子协会、种业知识局)

从我国鲜食玉米种植产区来看，可分为东华北鲜食玉米加工主产区，京津冀晋速冻加工、鲜食混种区，江、浙、沪优质鲜食玉米种植区，西南山地鲜食玉米种植区，粤桂闽鲜食玉米多季种植区，海南、云南反季节种植区。

三、产量情况

2000 年左右，不同鲜食玉米品种产量差异较大，在 450～800 千克/亩，平均产量约 700 千克/亩，年总产量约 49 万吨。随着种质水平提升和杂种优势的优化利用，鲜食玉米产量大幅提高，品种整体单产水平上升，2022—2023 年鲜食玉米产量在 800～1 200 千克/亩，平均 1 000 千克/亩，较 21 世纪初增长 43%，年总产量 2 600 万吨以上。按鲜穗计算，平均每亩收获 2 800～3 000 穗，年产鲜果穗 700 亿穗以上，商品穗率最高可达 90% 以上。

四、品质提升路径

21 世纪初，我国鲜食玉米主要围绕高产目标进行品种选育，受限于种质资源少、遗传基础狭窄，所用基础种质多是由普通玉米进行甜、糯性的转育而来，因此，存在品质较低、糯玉米多有回生、风味不足、种类较少等问题。随着育种技术的升级、种质资源的扩增，以及市场的变化，我国鲜食玉米育种除要高产以外，品质也成为另一个重要鉴选目标，特别是 2014 年以后，随着甜加糯玉米品种的育成及推广，我国鲜食玉米品种开始由高产型向高产优质协同提升的方向转变，大大促进了我国鲜食玉米整个产业链的发展。近年来，我国居民消费结构进一步转变，优质营养型农产品市场需求量急速扩增，甜味糯、高花青素、高叶酸等更多优质特色营养强化型鲜食玉米品种走向市场，将引领我国鲜食玉米品种提升至高质量发展新阶段。从品种角度，如果将 21 世纪初高产型鲜食玉米定为品种 1.0 时代，那么目前我国鲜食玉米已进入品种 3.0 时代（图 9-4）。

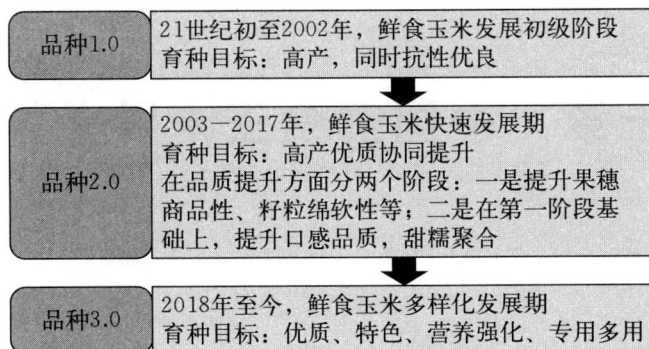

品种1.0	21世纪初至2002年，鲜食玉米发展初级阶段 育种目标：高产，同时抗性优良
品种2.0	2003—2017年，鲜食玉米快速发展期 育种目标：高产优质协同提升 在品质提升方面分两个阶段：一是提升果穗商品性、籽粒绵软性等；二是在第一阶段基础上，提升口感品质，甜糯聚合
品种3.0	2018年至今，鲜食玉米多样化发展期 育种目标：优质、特色、营养强化、专用多用

图 9-4　我国鲜食玉米品种发展路径

五、生产影响因素分析

1. 种植因素

（1）品种及种子质量　提前调研鲜食玉米生产现状和市场需求，根据需求及当地生态条件，选择优良品种，并购买正规高质量种子。套牌种子、假种子会影响种植者积极性，降低种植效益。

（2）销售渠道　我国鲜食玉米规模化种植较少，很大一部分为散户和小型基地种植，遇上鲜食玉米大量上市，无法找到销售出路。

（3）种植成本　据统计，2012年我国普通玉米种植亩成本为924.22元，之后小幅上升至1 065元/亩，2018年为910元/亩，从变化趋势来看，在持续增长后几年来趋于平稳。从成本构成来看，普通玉米种植占比最大的是劳动力、化肥等投入品，各占42.5%、19%。与普通玉米相比，鲜食玉米种植成本较高。2023年，经对北京地区鲜食玉米生产调研，种植亩成本约1 170元，其中种子、化肥等生产物资投入品占49%，劳动力占34%。

2. 环境因素

气候、土壤等非生物因素，病虫害等生物逆境，极端天气如干旱、洪水、高温等，以及土壤质量等都会影响鲜食玉米正常生长。2018年，我国发现草地贪夜蛾，多地的玉米生长受害。2020年，河南等地遭遇特大洪水，造成当地玉米在生长期涝害受灾。从耕地情况来看，我国现有耕地质量普遍下降，黑土层变薄、土壤酸化、耕作层变浅等问题凸显，也影响鲜食玉米生产。

第十章 中国鲜食玉米种业情况

一、种业发展特点

经过 20 年的快速发展,我国已成为全球最大的鲜食玉米生产国和消费国,鲜食玉米育种形成了鲜明的中国特色,发展水平达到一个新高度,在全球范围既有显著特点,也有领先优势。

1. 我国鲜食玉米种植面积居世界第一

品种和市场是推动我国鲜食玉米产业发展的 2 个决定性因素,品种是创新驱动,市场则起带动和引领作用。进入 21 世纪以来,我国育成的品种数量增多,品种产量、品质、抗性、适应性等也得到极大提高,产出投入比高,带动了农民种植积极性;另外,随着我国城镇居民生活水平提升,我国鲜食玉米市场由一线城市渗透扩大到全国各地,市场需求量急剧增加,促使我国鲜食玉米面积快速攀升,由 21 世纪初的不足 100 万亩发展至目前的 2 600 万亩以上,居世界第一位。

2. 将糯玉米作为鲜食玉米具有显著中国特色

我国是糯玉米的起源地,种植糯玉米历史悠久,具有丰富的糯玉米种质资源,创新选育出一大批优良糯玉米品种,均具有自主知识产权。部分品种如京科糯 2000、京花糯 2008 等实现向国际输出,成为越南、韩国等国家的主栽品种。如京科糯 2000 已占越南糯玉米种植面积的 60% 以上。京科系列糯玉米也已走向欧美等国家,受到当地消费者的喜爱和欢迎。据不完全统计,具有中国特色的糯玉米和甜加糯玉米的种子及果穗产品等已走出国门,远销全球 50 多个国家和地区,均具有中国标签,是我国目前为数不多的仍保持国际竞争力的产品,体现了我国在鲜食玉米种业和产业领域的绝对优势。

3. 品种类型多样化，并各具特色

鲜食玉米不但要高产稳产、品质优良，还要在成熟期、籽粒颜色、果穗加工等方面不断满足生产和市场的多样化需求。从类型来看，我国已形成以糯玉米为主、甜玉米为辅、甜加糯型快速增长的发展格局，并且每种类型又各具多样性和特色化。

（1）白色糯玉米　白色是我国糯玉米的主色调。如早期品种中糯 1 号、苏玉糯 1 号，中期品种京科糯 2000、渝糯 7 号，近期品种京科糯 569、万糯 2000 等。白色糯玉米具有适应性广、品质优、产量高的特点，目前在我国种植面积约 720 万亩，约占糯玉米总面积的 60%。

（2）金黄色糯玉米　金黄色是糯玉米的经典色，金黄色糯玉米富含类胡萝卜素、黄质素等营养保健物质。我国早期黄色糯玉米代表品种是垦粘 1 号，近期有金糯 262、万糯 2018、博斯糯 9 号等。目前，金黄色糯玉米在我国种植面积约占糯玉米总面积的 25%。近年来随籽粒加工、真空包装产业的发展，市场需求发生变化，黄色糯玉米的潜力正逐步被开发。

（3）彩色糯玉米　除白色和金黄色糯玉米外，我国还选育出色彩多样且口感好的五彩糯玉米，包括紫色、黑色、花色等，如早期品种有天紫 23、沪紫黑糯 1 号、京花糯 2008 等，近期品种有京紫糯 219、晋糯系列等。彩色糯玉米约占糯玉米种植总面积的 15%（图 10-1、表 10-1），且稳中有升。

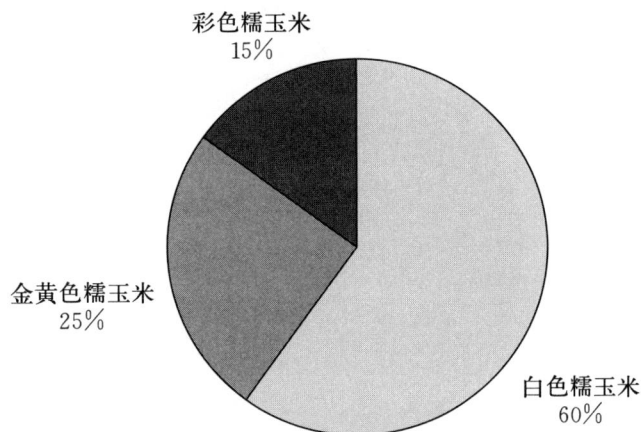

图 10-1　不同类型糯玉米种植面积占比

表 10 - 1　我国鲜食玉米类别及介绍

类别	种植面积（万亩）	占比	特点	代表品种
白色糯	720	占糯玉米 60%	糯玉米主流色	京科糯 2000、万糯 2000 等
黄色糯	300	占糯玉米 25%	糯玉米经典色	金糯 262、万糯 2018 等
彩色糯	180	占糯玉米 15%	花色、紫色、黑色等	天紫 23、京紫糯 219 等
黄色甜	485	占甜玉米 69%	甜玉米主流色	广良甜 27、米哥、奥弗兰、京科甜 608 等
双色甜	200	占甜玉米 29%	黄白双色	双色先蜜、美珍系列等
白色甜	10	占甜玉米 1.4%	珍珠白色	雪甜 7401、京白甜 456 等
黑色甜	5	占甜玉米 0.6%	黑色	墨瞳、墨琦等
白色甜加糯	490	占甜加糯玉米 70%	甜加糯主流色	农科玉 368、农科糯 336 等
彩色甜加糯	210	占甜加糯玉米 30%	多为紫白花色	彩甜糯 6 号、天贵糯 932 等

（4）甜玉米　我国甜玉米以纯黄色为主，同时有黄白双色（金银穗）、少量白色甜玉米、黑色甜玉米（图 10 - 2）。其中纯黄色甜玉米可用于鲜售和加工，如米哥、广良甜 27、京科甜 608，占甜玉米种植总面积的 69% 左右；黄白双色甜玉米和白色甜玉米大部分用于鲜售，且主打高端优质水果类型，如双色先蜜、雪甜 7401、京白甜 456 等，共占甜玉米总面积的 30.4%。近年来，我国有少量彩色（黑色和紫色）甜玉米的选育，如墨瞳、粤甜黑珍珠 1 号等，占甜玉米总面积的 0.6% 左右，以引领和满足市场多元化需求。

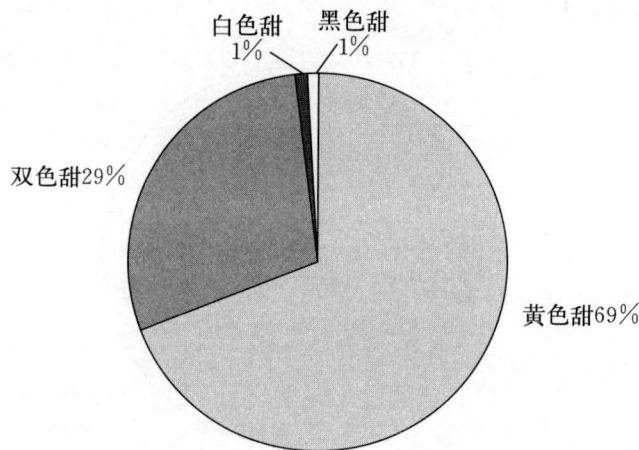

图 10 - 2　不同类型甜玉米种植面积占比

（5）甜加糯玉米　甜加糯玉米作为我国自主创新的一种鲜食玉米新类型，是目前我国鲜食玉米育种的一个重要方向。该类型品种不同于甜玉米和糯玉米育种中单一基因模式，而是首先将甜质基因与糯质基因聚合，创制甜糯双隐性种质（$sh2sh2wxwx$），再与糯质自交系杂交，F_2果穗中则同时含有甜粒和糯粒，且比例为 1∶3。2023 年，我国甜加糯玉米品种种植面积已增长至约 700万亩，主要代表品种有彩甜糯 6 号、美玉系列、农科玉 368、天贵糯 932、农科糯 336 等。在颜色上，以白色类型为主，部分为彩色，如紫白色相间、黄白相间（图 10-3）。

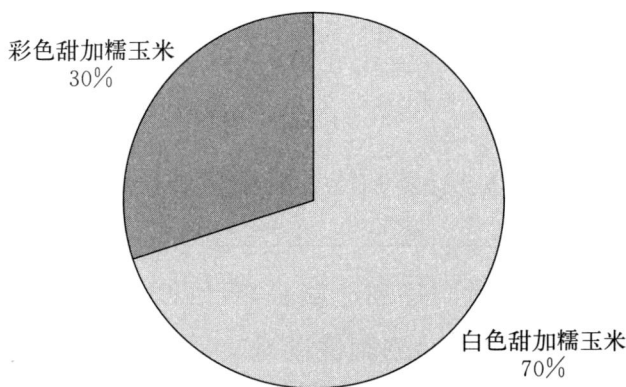

图 10-3　不同类型甜加糯玉米市场占比

（6）优质特色营养强化类型玉米

优质、特色、营养强化育种主要目标是鲜食玉米在具有淀粉、蛋白质、脂肪、膳食纤维等的常量基础上，维生素、微量元素、必需氨基酸、脂类等营养物质含量显著提高，生理功效明确，营养健康效果明显。在玉米上主要有赖氨酸、色氨酸等必需氨基酸，叶酸、类胡萝卜素（叶黄素、黄质素、维生素 A等）、花青素等营养物质。

① 甜味糯型鲜食玉米。我国率先提出甜味糯型鲜食玉米将是未来鲜食玉米一个重要发展方向（表 10-2）。甜味糯型玉米是以两个纯糯玉米自交系为双亲进行杂交组配，其 F_1 植株上的果穗全部为糯质籽粒；在适采期内，籽粒糖度可达到 12 白利度以上，显著高于普通糯玉米（一般为 8 白利度），口感有明显的甜味。甜味糯型玉米糯中带甜，结合了甜玉米、糯玉米以及甜加糯玉米3 种类型玉米的优点，除了能鲜售上市、真空包装外，还可用于速冻加工，在速冻加工后果穗籽粒饱满、颜色一致、外观整齐。另外，甜味糯型鲜食玉米是

以纯糯玉米种质为遗传背景，在选育过程、亲本繁育及杂交种种子生产等方面均有优势，符合产业发展需求，将大有发展潜力。北京市农林科学院率先开展了甜味糯型鲜食玉米自交系创制及新品种选育，培育出甜味糯型品种京科糯768，适采期籽粒糖度在14度以上，同时具有高产稳产、多抗广适等优良特性，于2021年通过国家4个大区审定，目前已大面积推广。

表 10-2 甜加糯玉米和甜味糯型玉米的区别

类型	母本	父本	杂交当代种子	商品果穗	采收期	用途
甜加糯玉米	糯质自交系（$wxwx$），或甜糯双隐自交系（$sh2sh2wxwx$）	甜糯双隐自交系（$sh2sh2wxwx$），或糯质自交系（$wxwx$）	糯质型	甜粒和糯粒独立存在，一般呈 1:3 比例	约5天	鲜食、真空包装
甜味糯玉米	糯质自交系（$wxwx$）	糯质自交系（$wxwx$）	糯质型	全部为糯粒	10天以上	鲜食、果穗和籽粒速冻、真空包装

② 高叶酸甜加糯型玉米。将甜、糯、高叶酸等优良品质性状与高产、多抗、广适等综合农艺性状聚合，创制优良自交系，可选育出高叶酸甜加糯型玉米品种，在口感品质和营养品质方面均有提升，籽粒叶酸含量可达300微克/100克（鲜重）以上。以农科糯336为代表的京科系列高叶酸甜加糯玉米品种入选2021中国农业农村十大新产品。

③ 香味糯型玉米。在普通糯玉米基础上，加入玉米香味，选育香味糯型品种。该类型玉米富含玉米黄质，并拥有浓郁玉米香味。北京市农林科学院提出选育香味糯玉米新类型，并培育出香味糯玉米品种京黄糯269，籽粒绵软，富含2-戊基呋喃、正己醛等香味物质，香气浓郁，同时具有高产稳产、商品性好、抗性强、适应性广的综合优点。

④ 其他营养强化类型。将玉米籽粒赖氨酸含量调控基因 $opaque-2$ 导入我国糯玉米骨干自交系，创制出高赖氨酸型糯玉米自交系，以及 $sh2$、wx、$opaque-2$ 这3个隐性突变基因聚合的纯合种质，并组配出高赖氨酸糯玉米品种；培育出高花青素营养型鲜食玉米品种；另外，高维生素 E、高维生素 A 等类型鲜食玉米种质及品种也取得新进展，将陆续推向市场。

4. 形成区域特色化、四季周年供给的产业格局

受传统饮食结构影响，我国鲜食玉米在早期形成了"南甜北糯"的种植和产业格局，广东和吉林是最先发展的鲜食玉米主产省。"十三五"以来，随着我国新一轮种植结构调整，催生了南方的云南、广西、四川等成为我国鲜食玉米种植大省，黑龙江成为北方种植大省，江苏、浙江、湖北等成为中部主要种植省份。"南甜北糯"的格局也逐渐被甜、糯、甜加糯三足鼎立的分布模式替代。近年来，京津冀、长三角、珠三角等地成为鲜食玉米生产和消费中心，如京津冀是鲜食玉米消费大市场，也是重要的研发创新中心，品种多向中高端发展，以甜加糯型为主。同时利用我国巨大地域和气候差异，以及发达的运输和物流优势，已实现鲜食玉米周年种植生产和鲜果穗周年供应。

二、种业创新进展

1. 基础研究创新进展

（1）功能基因挖掘与分子调控持续深入

① 发现糯质基因突变新类型。北京市农林科学院玉米研究所从广泛收集的国内外糯玉米种质材料中选取有代表性的材料 200 份，并对其进行 $waxy$ 基因全长测序，从中鉴定到一个新的 $waxy$ 基因突变类型。它在 $waxy$ 基因的第 3 个外显子处存在 2 286 bp 的转座子插入突变（图 10 - 4），根据转座子类型将该突变类型命名为 wx - hAT 突变，并针对该突变序列开发了 PCR 功能分子标记。

② 挖掘并解析鲜食玉米花青素关键调控基因。北京市农林科学院玉米研究所研究揭示了转录调控和序列变异对花青素关键调控基因 $ZmR1$ 功能的影响，并在全基因组水平上鉴定了 $ZmR1CQ01$ 结合调控的靶基因。通过遗传定位和转基因验证发现鲜食骨干玉米自交系 CQ01 叶中脉的花青素积累由 10 号染色体上的 $ZmR1$ 基因控制。玉米 $zmr1$ EMS 突变体等位性测验证实叶鞘中花青素积累也受 $ZmR1$ 基因控制。从紫色玉米自交系 CQ01 中分离的 $ZmR1$（$ZmR1CQ01$）基因是一个新的 $ZmR1$ 等位变异，其过表达致使玉米自交系京 724（生产上主推玉米杂交种京科 968 的母本）整个植株变紫，包括玉米胚芽鞘、叶鞘、茎秆、叶片、叶中脉、苞叶、花丝、颖壳、花药和种皮等组织。

③ 挖掘并解析鲜食玉米耐热性基因。广东省科学院南繁种业研究所玉米种业团队以甜玉米为研究对象，对甜玉米高温下的表型特征变化进行观察，发现

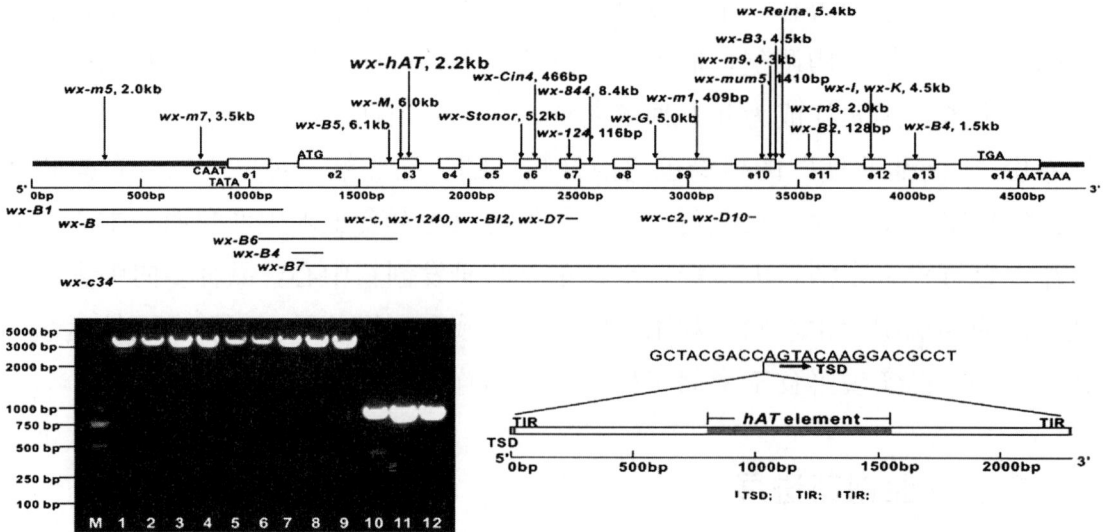

图 10-4　新的 *waxy* 基因突变类型 *wx*-*hAT* 的序列特征

了提高甜玉米耐热性基因。代谢组学结果显示，短时和长时高温处理对代谢物丰度影响显著，检测到的差异代谢物数量分别为 61 种和 111 种，包括各种生物碱和类黄酮等，其中在两个时间点均检测到的代谢物有 42 种，而东莨菪内酯-7-O-葡萄糖苷（东莨菪苷）、3-吲哚丙酸、乙酰色胺、5，7-二羟基-$3'$，$4'$，$5'$-三甲氧基黄酮和 5，6，7，$4'$-四甲氧基黄烷酮的表达丰度上调最为显著。同时，科研人员通过分析基因模块与代谢产物的相关性，构建了热胁迫下甜玉米幼苗的调控网络，鉴定出 4 个潜在高温响应基因。该研究为通过生物干预或基因调控来改善甜玉米的耐热性提供了相关基础。

挖掘鲜食玉米耐寒基因并应用：北京市农林科学院玉米研究所运用极端混池测序结合竞争性等位基因特异性 PCR（KASP）、荧光定量 PCR（RT-qPCR）等技术，鉴定出与玉米苗期耐寒性自然变异相关的等位基因，为玉米耐寒分子机理研究提供候选基因，并为耐寒玉米种质鉴定提供分子标记。

（2）遗传多样性分析辅助育种　解析我国鲜食玉米品种之间的遗传多样性和亲缘关系，对品种鉴定和品种培育具有重要的指导意义。广东省农业科学院作物研究所科研人员利用 Illumina Maize 6K 芯片对全国范围内的 385 个鲜食玉米品种进行全基因组扫描，了解群体结构，划分种质类群，估算品种间的遗传距离，将收集的品种主要划分为 3 个类群，分别为糯玉米类群（糯玉米和甜加糯玉米，共 185 个品种）、温带甜玉米类群（123 个品种）和热带甜玉米类群（77 个品种）。两个品种间的遗传距离在 0.132～0.472，平均值为 0.37。

通过 FST 分析检测到不同类群间有 160 个区域受到强烈选择，其中包括 4 个玉米籽粒淀粉合成途径的关键基因（*sh2*、*su1*、*su2* 和 *wx1*），进一步利用分子标记验证了 *sh2* 和 *DGAT1-2* 两个位点在鲜食玉米群体中有不同的选择模式。为我国鲜食玉米品种选育和改良提供了重要的理论指导。

（3）靶向育种技术进展显著

① 靶向育种技术在甜糯玉米中的应用。中国农业科学院作物科学研究所玉米基因编辑育种创新研究组与安徽农业大学合作，利用基因编辑技术创制超甜、糯与超甜糯复合型鲜食玉米育种技术，为高效培育这一类深受消费者喜爱的玉米品种提供了新的技术策略。研究人员构建同时靶向玉米 *WX* 与 *SH2* 基因的 *CRISPR/Cas9* 基因编辑系统，在后代中高效分离 *SH2* 与 *WX* 单基因与双基因突变的突变系，从而实现超甜玉米与糯玉米材料的高效创制。该研究采用基因编辑前沿技术，通过对同一个代谢途径中的多个目标基因实现精准突变，集成了高效的超甜、糯、超甜与糯复合型玉米育种技术，应用该技术还可以拓展创制出类型更丰富的鲜食玉米。

② 靶向育种技术创制香米味鲜食玉米新种质。舜丰基因编辑研究院与山东师范大学利用基因编辑技术敲除玉米基因组中存在的两个水稻香味调控基因 *BADH2* 的同源基因（*ZmBADH2a* 和 *ZmBADH2b*），创制了世界首例香味玉米。另外，北京市农林科学院玉米研究所利用 *CRISPR/Cas9* 基因编辑技术在其自育的玉米骨干亲本京 724 上敲除 *BADH2* 同源基因，获得了有香米味道的玉米新种质材料。

2. 中国鲜食玉米品种选育进展

（1）品种审定数量　2017 年以来，随着国家品种审定政策调整，国家品种试验联合体、绿色通道等试验渠道的增加，2017 年我国玉米品种审定呈现"井喷元年"之势，根据种业大数据平台数据显示，2017 年我国审定鲜食玉米品种总数出现大幅增长，达 143 品次，较上年增加 64％。随后，2018 年、2019 年两年持续增长。2020 年，我国审定鲜食玉米总数又迎来新一轮大幅增长，达 339 品次，较 2019 年增长 81％以上。2021 年稍有下降，为 316 品次。2022—2023 年又继续增长至 363 品次和 378 品次。

① 糯玉米品种方面。2016 年以前，全国通过审定的糯玉米品种累计 811 品次，占全国审定玉米总数的 9.15％，占全国审定鲜食玉米总数的 60.52％。2017 年，仅一年通过国家及各省份审定的糯玉米品种就达 77 品次，占全国审

定玉米总数的 7.20%，占全国鲜食玉米审定总数的 53%。其中，国审糯玉米品种 7 个，占糯玉米审定总数的 9.09%。2018 年糯玉米品种审定 73 品次，占全国鲜食玉米审定总数的 39%。2019 年，我国糯玉米品种审定 85 品次，2020年审定 163 品次，相比前一年翻了近一番，占全国鲜食玉米审定总数的 48%。2021 年、2022 年分别为 145 品次和 162 品次，2023 年审定糯玉米 162 品次（图 10-5），与 2022 年持平，占当年鲜食玉米审定总数的 42%。审定的糯玉米品种实现了多样化、多用途，如颜色上有黄色、白色、花色、紫色、黑色、红色等，熟期上有早、中、晚熟，用途上有鲜食专用型、果穗速冻专用型、籽粒加工专用型等。

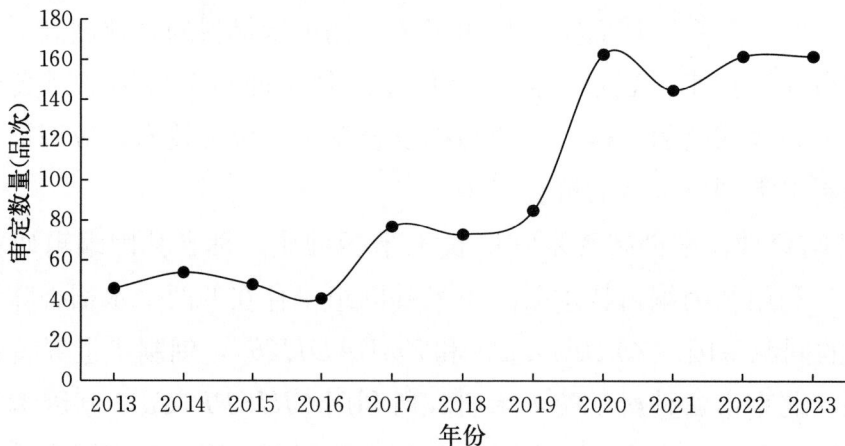

图 10-5　我国糯玉米审定数量的年际间变化

② 甜玉米品种方面。2016 年之前，全国通过定的甜玉米品种累计 478 品次。2017 年，甜玉米审定品种数量也大幅上升，当年通过国家及各省审定品种数量 43 品次。2018 年，我国审定甜玉米品种 74 品次，占当年鲜食玉米审定品种的 39%。2019 年，我国甜玉米品种审定 61 品次，2020 年审定甜玉米数量又一次呈现大幅增加，达到 102 品次，较 2019 年增长 67%。2021—2023年分别审定 91 品次、117 品次和 119 品次（图 10-6），占当年鲜食玉米审定总数的 30% 以上。

③ 甜加糯玉米品种方面。我国 2004 年开始审定甜加糯玉米品种，之后逐年增多，至 2017，共审定甜加糯玉米品种累计 121 品次，其中国审品种 7 品次。2018 年审定数量较上一年大幅增加（＋70%），2018 年、2019 年我国甜加糯玉米品种分别为 39 品次和 41 品次，分别占当年鲜食玉米审定总数的

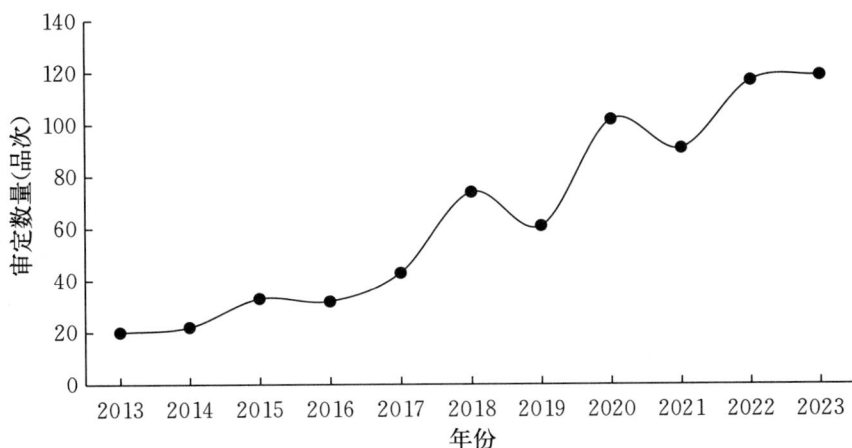

图 10 - 6 我国甜玉米审定数量的年际间变化

21％和22％。2020 年，甜加糯玉米审定数量又迎来新一轮大幅增长，该年审定 74 品次，较上一年增长 80％。2021—2023 年审定数量分别为 80 品次、84 品次和 97 品次（10 - 7），稳中有增，占当年鲜食玉米总审定数量的 25％以上。

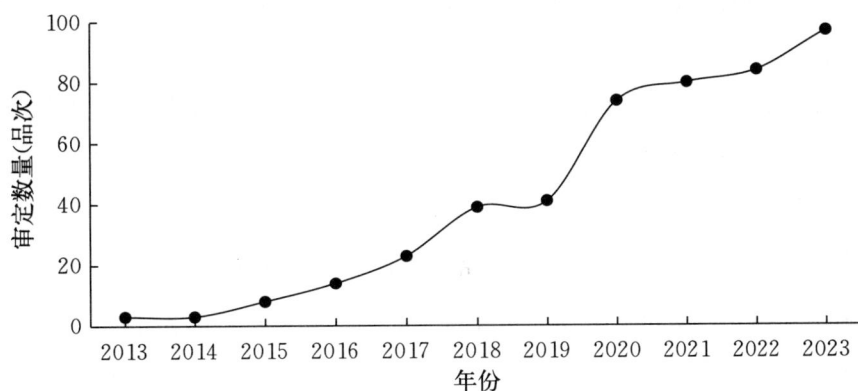

图 10 - 7 我国甜加糯玉米审定数量的年际间变化

2021 年，国家农作物品种审定委员会发布了《国家级玉米品种审定标准（2021 年修订）》，在品种的一致性和真实性条件中，将玉米申请审定品种与已知品种的 DNA 指纹检测差异位点数由 2 个提高至 4 个，同时提高了产量和抗性的要求。这次标准的修订有利于解决品种同质化问题，激励原始创新，提升品种选育水平，是加强种业知识产权保护中的一项重要内容。

3. 主要品种推广情况

（1）糯玉米 21世纪以来，我国鲜食玉米快速发展，品种的产量、品质均有提升，2005年京科糯2000的育成及推广对我国鲜食玉米产业发展起到了巨大推动作用，是我国鲜食糯玉米一个里程碑品种。近年来，我国糯玉米产业进一步发展，为满足市场需求，我国选育出系列优种提升品种，如天紫23、万糯2000、京科糯2000E、京科糯2000K等优良糯玉米品种，以及京科糯768、京黄糯269、美玉27、佳糯861、金糯262、博斯糯9号、中鲜糯808等特色品种，已在生产上大面积推广。

（2）甜加糯玉米 我国自2004年开始逐步推广甜加糯玉米，早期品种如都市丽人，通过浙江、北京、山东、福建4个省审定。此阶段处于初级发展期，品种数量少，新类型普及率低，发展比较缓慢。2004—2017年，我国育成彩甜糯6号、京科糯928等甜加糯玉米品种，迅速带动了甜加糯型玉米的推广应用。2018年至今，我国育成农科玉368、农科糯336、天贵糯932、万农甜糯158等甜加糯品种，在原来品种基础上，加入了叶酸、花青素等营养品质性状，并且口感、特色化更突出，带动甜加糯型玉米快速发展成为我国鲜食玉米产业中的又一主要类型。以北京市农林科学院玉米研究所选育的农科糯336为代表的高叶酸甜加糯玉米品种入选2021年中国农业农村重大新产品，农科糯336入选2023年、2024年国家农业主导品种。

（3）甜玉米 2000年前后，我国甜玉米育种处于起步期发展阶段，农友种苗股份有限公司选育的超甜玉米新品种华珍，具有品质优、抗性强的特点，拉动了南方甜玉米的快速增长，开启了我国甜玉米育种新纪元。同时，上海农科种子种苗有限公司选育的超甜玉米品种金菲成为我国北方加工和鲜食甜玉米的主流品种。随着市场化程度的不断深入，全国越来越多的科研机构和企业开展了甜玉米育种工作。新的科研实力和科研投入使得甜玉米在近几年的选育和发展全面进入"后华珍"和"后金菲"时代，新一代甜玉米品种相继诞生。京科甜533、京科甜608、中农甜488、中农甜888、粤甜28、广良甜27、金百甜15等成为市场主流品种。以京科甜608为代表的品种，保证产量的同时，还适宜鲜食和脱粒速冻加工，在品质上达到甚至超过国外品种，打破了国际垄断，对我国甜玉米产业的发展起到了推动作用。

表10-3～表10-5列出近年来由中国鲜食玉米大会评选出的全国优秀鲜食玉米品种，代表了我国鲜食玉米产业及市场发展方向。

表 10 - 3　2020 年中国（北京）鲜食玉米大会全国十大优秀品种

	品种名称	选育机构
2020 年全国十大优秀 糯玉米品种	万黑糯 109	河北华穗种业有限公司
	京科糯 768	北京市农林科学院玉米研究所 北京奥农科玉育种开发有限责任公司
	中鲜糯 868	中苗种业集团有限公司
	中苗彩糯 511	中苗种业集团有限公司
	万糯 2013	河北华穗种业有限公司
	万糯 2000	河北华穗种业有限公司
	万糯 2018	河北华穗种业有限公司
	京紫糯 219	北京市农林科学院玉米研究所 北京奥农科玉育种开发有限责任公司
	润糯 605	天津中天润农科技有限公司
	同糯 2 号	先瑞种子科技（北京）有限公司
2020 年全国十大优秀 甜加糯玉米品种	金甜糯 663	张家口万佳种业有限公司
	天贵糯 932	天津桂福园农业发展有限公司
	农科糯 336	北京市农林科学院玉米研究所 北京奥农科玉育种开发有限责任公司
	苏科糯 1901	句容苏科鲜食玉米研究有限公司
	万全糯 B518	河北万全（一糯千金）鲜食玉米有限公司
	万糯 188	河北华穗种业有限公司
	万农甜糯 158	万农高科集团有限公司
	鲜甜糯 88	中苗种业集团有限公司
	天贵糯 937	天津桂福园农业发展有限公司
	润彩甜糯 118	天津中天润农科技有限公司
2020 年全国十大优秀 甜玉米品种	万甜 537	河北华穗种业有限公司
	京科甜 608	北京市农林科学院玉米研究所 北京奥农科玉育种开发有限责任公司
	正甜 89	广东省农业科学院作物研究所
	澳甜 2 号	广州市番禺区绿色科技发展有限公司
	华耐甜玉 782	北京华耐农业发展有限公司
	斯达甜 220	北京中农斯达农业科技开发有限公司
	华泰甜 216	厦门华泰五谷种苗有限公司

（续）

品种名称	选育机构
	圣甜 169	广州隆平高科特种玉米有限公司
2020 年全国十大优秀 甜玉米品种	雪皓甜 21	先瑞种子科技（北京）有限公司
	中农甜 808	北京绿亨玉米科技有限公司

资料来源：中国种子协会。

表 10－4　2021 年中国（四川）鲜食玉米大会重点推介品种

	品种名称	选育机构
	京科糯 768	北京市农林科学院玉米研究所
	润糯 197	天津中天润农科技有限公司
	金糯 919	四川金苗农业科技有限公司
	万黑糯 109	河北华穗种业有限公司
2021 年全国十大优秀 糯玉米品种	同糯 2 号	仲衍种业股份有限公司
	中鲜糯 878	中苗种业集团有限公司
	万糯 129	河北华穗种业有限公司
	迪香糯 548	广西先迪农业科技有限公司
	万糯 2000	河北华穗种业有限公司
	金糯 1805	北京金农科种子有限公司
	早甜加糯 999	四川兆和种业有限公司
	天贵糯 168	南宁市桂福园农业有限公司
	鲜甜糯 911	中苗种业有限公司
	万糯 1818	河北华穗种业有限公司
2021 年全国十大优秀 甜加糯玉米品种	雪甜糯 321	福州金苗种业有限公司
	白甜糯 296	仲衍种业股份有限公司
	嘉甜糯 1 号	四川创世嘉农业科技有限公司
	彩甜糯 102	北京华耐农业发展有限公司
	佳甜糯四号	成都市农佳裕种业有限公司
	荃糯 5000	荃银天府农业科技有限责任公司
	荣玉甜 9 号	四川创世嘉农业科技有限公司
2021 年全国十大优秀 甜玉米品种	华耐甜玉 1274	北京华耐农业发展有限公司
	斯达甜 221	北京中农斯达农业科技开发有限公司
	亿绿甜 16	广西亿绿贸易发展有限公司

（续）

品种名称	选育机构
神农甜 6 号	四川神农大丰种业科技有限公司
金冠 597	北京四海种业有限责任公司
嵊甜 1 号	四川荣稻科技有限公司
神农甜 3 号	四川神农大丰种业科技有限公司
粤甜 41	广东省农业科学院作物研究所
双色甜 8 号	武汉川禾农业科技有限公司

（表头左侧："2021 年全国十大优秀甜玉米品种"）

资料来源：中国种子协会。

表 10 - 5　2022 年中国（京津冀）鲜食玉米大会十佳品种

	品种名称	选育机构
2022 年全国十大优秀糯玉米品种	农科糯 323	北京市农林科学院玉米研究所
	京科糯 768	北京市农林科学院玉米研究所
	美玉糯 30 号	海南绿川种苗有限公司
	京紫糯 219	北京市农林科学院玉米研究所
	万黑糯 109	河北华穗种业有限公司
	必达荣元直	青岛金妈妈农业科技有限公司
	中鲜糯 868	中苗种业集团有限公司
	万糯 2013	河北华穗种业有限公司
	京糯 832	北京四海种业有限责任公司
	京黄糯 269	北京市农林科学院玉米研究所
2022 年全国十大优秀甜加糯玉米品种	密花甜糯 3 号	北京中农斯达农业科技开发有限公司
	美玉 18 号	海南绿川种苗有限公司
	迈达利子修	青岛金妈妈农业科技有限公司
	万农甜糯 158	河北华穗种业有限公司
	锐玉 926	海南芙锐思品种权服务有限公司
	天贵糯 932	天津桂福园农业发展有限公司
	农科玉 368	北京市农林科学院玉米研究所
	京科糯 2016	北京市农林科学院玉米研究所
	京甜糯 807	北京四海种业有限责任公司
	万糯 188	河北华穗种业有限公司

（续）

品种名称	选育机构
斯达甜 221	北京中农斯达农业科技开发有限公司
银河 42	佛山科学技术学院
申科甜 811	上海市农业科学院作物所玉米研究中心
华耐甜玉 782	北京华耐农业发展有限公司
晶煌 17 号	寿光先正达种子有限公司
BM492	北京保民种业有限公司
圣甜白珠	圣尼斯种子（北京）有限公司
京白甜 456	北京保民种业有限公司
金银 131	佛山科学技术学院
珍宝瑞仲康	青岛金妈妈农业科技有限公司

2022 年全国十大优秀甜玉米品种

资料来源：中国种子协会。

4. 集成一批高价值种业成果

（1）优质特色鲜食糯玉米系列新品种培育及应用　本成果来自北京市农林科学院。团队围绕鲜食糯玉米产业发展需求，广泛收集和鉴选优异种质资源，探索育种新方法和组配新模式，将甜、糯、彩色、高叶酸、高赖氨酸等优异品质性状与高产、广适、多抗等优良农艺性状聚合，创制选育出类型多样系列优良糯玉米自交系。创新集成"大群体选系、多环境鉴选""优系聚合及 DH 单倍体、分子辅助选择"等育种技术，创制出遗传变异丰富的糯玉米种质新材料 10 000 余份，划分为 3 大类群，在 SKN5 等材料中鉴定到一个新的 $waxy$ 基因突变类型；将甜（$sh2sh2$）、糯（$wxwx$）2 个隐性基因聚合，创制白色及彩色"甜糯纯合双隐"自交系 16 个；创制选育出白、黄、紫、黑各具特色的糯玉米优良自交系 57 个；并实现多个骨干系高叶酸、高赖氨酸营养强化。培育并通过审定优质特色鲜食糯玉米系列新品种 51 个。创建鲜食糯玉米制种及栽培技术体系，实现良种良法配套，全产业链提升。建立以"精准错期、适时收获、控温烘干、机械色选"为核心的高质量高产量制种技术体系，实现制种亩产达 300 千克以上，种子发芽率 95% 以上，满足单粒精量播种需求；建立以"分期播种、合理密度、绿色防控、适时采收"为核心的绿色优质高效栽培技术体系，被农业农村部推荐为 2019 年农业主推技术。

（2）优质鲜食玉米新品种选育与绿色高效栽培技术集成应用　本成果来源

于浙江省农业科学院。构建了浙江省鲜食玉米核心种质库，明确了鲜食玉米专用标准测验种，运用"大、高、严、优、早"的选系方法，创制出甜糯双隐（三隐）、优质早熟、抗病、功能型等优异性状的自交系，形成了浙江省鲜食玉米育种的骨干材料，通过交换被国内多家单位引进利用。建立了鲜食玉米专用PA×PB的杂种优势模式，育成了优质、抗逆、丰产、特色的鲜食玉米新品种6个，促进了鲜食玉米品种的更新换代。发现了一个可有效减少化学农药使用的具有促生抑菌防病作用的内生菌株 BS0521（Bacillus subtilis）；研发了包括垄上一畦两行机栽、缓控释肥一次性机施、一喷多效无人机飞防、秸秆粉碎旋耕还田等的绿色高效栽培技术体系，其中水果甜玉米促早高效栽培技术、春季鲜食玉米大豆分带间作-秋季番薯轮作技术等 7 项被浙江省农业农村厅列为2018—2020 年主推技术。制定了鲜食玉米绿色生产技术规程，规范各生产环节，创建了 3 项"浙江农业之最"的鲜食玉米高产纪录，优质鲜食玉米新品种选育与绿色高效栽培技术集成应用，引领全国鲜食玉米高质高效发展方向。

（3）糯玉米种质南繁加代创新及优质高产抗病新品种选育　本成果来源于广西农业科学院。利用芯片技术研究了表现优良的 129 个糯玉米自交系的遗传多样性，并进行类群划分，并以此为基础创建糯玉米的杂种优势利用模式指导糯玉米育种。构建（亚）热带和温带糯玉米种质杂交优势群体 2 个，利用循环育种策略，施加高密度胁迫环境，通过基因互补或累加效应培育抗逆、优质、高产、高配糯玉米自交系。育成优质、高产、耐密、抗多种病害的糯玉米品种桂糯 529、桂糯 530 等，在产量、糯性、口感品质、抗性等综合性状上有突破，其亲本繁殖和制种潜力产量达 300 千克/亩。

三、育种技术进展

1. 更加注重杂优模式构建

育种过程中持续利用群内改良、群间组配的方法，群内改良包括同群优系聚合、轮回选择等技术，群间组配是先构建两个综合性状优良、特殊性状或目标性状互补的杂种优势群，两群自交系相互组配测验，形成固定的杂优模式。

北京市农林科学院玉米研究所通过深入分析 21 世纪初糯玉米品种生产现状及存在问题，并结合市场需求，确定了引入利用新种质的育种思路。积极探索引入并利用马齿型糯玉米种质，开展新的糯玉米种质的创制。经多年种质鉴定研究和大量的育种实践证明，马齿型种质具有籽粒持水性好、果穗采收期长、蒸煮后口感绵软且晾置后不回生等特殊优点，与糯玉米"优质与高产、多抗、广适并重"的育种目标相契合。因此确立将选自我国地方农家种具有适应性广、抗性强等优点的胚乳硬质型材料与选自国外杂交种具有丰产性好、品质优等优点的胚乳软质型材料相结合的组配思路，构建了"硬质型×软质型"杂交组配模式。利用该模式，率先育成了京科糯 2000、京科糯 120、京黄糯 267、京紫糯 218、京花糯 2008 等系列糯玉米品种。其中京科糯 2000 自 2006 年通过国家审定以来至今，一直都是我国推广面积最大、种植范围最广的糯玉米品种。该模式也成为我国鲜食玉米育种经典杂优模式，至今也是主要的育种模式。

2. DH 双单倍体技术应用更加成熟

双单倍体育种技术是利用自然发生或人工诱导母本材料产生单倍体植株，再通过自然或化学加倍获得的二倍体纯合自交系，也称 DH（Doubled Haploid）系，直接用于育种的技术。近年来，围绕高诱导率新材料创制、单倍体鉴定与加倍等关键技术，构建了规模化双单倍体育种及技术体系。研制出高油型甜玉米诱导系，平均诱导率达 10.32％；研制出糯玉米诱导系，平均诱导率为 11.08％。引入利用籽粒油分鉴别鲜食玉米单倍体的鉴选方法，建立了集基础材料创制，DH 系培育、鉴定、测配及组合测试等环节有效衔接的新型鲜食玉米规模化育种新模式，并实现应用。

3. 转基因和基因编辑技术研究成效显著

利用基因编辑技术创制超甜、糯与超甜糯复合型鲜食玉米育种材料，构建同时靶向玉米 *WX* 与 *SH2* 基因的 *CRISPR/Cas9* 基因编辑系统，在后代中高效分离 *SH2* 与 *WX* 单基因与双基因突变的突变系，实现了超甜玉米与糯玉米材料的高效创制。利用引导编辑、碱基编辑和敲除编辑等技术，将稻米品质主效基因（Zm00001d044129）导入糯玉米中，创制出优良糯玉米种质材料。

4. 分子育种技术更加成熟

近年来，随着鲜食玉米品质育种方向的逐渐明确和深化，重要品质性状相关调控基因的挖掘、鉴定与解析等工作也广泛开展。如广东省农业科学院针对鲜食玉米维生素 E、抗南方锈病、花青素等品质性状，开发出相应功能分子标记，并应用于种质创制和品种选育，创制出高维生素 E 甜玉米、抗南方锈病甜玉米等一批种质材料。北京市农林科学院自主开发出油分、赖氨酸等性状的

KASP 分子标记，并开展辅助选育，创制出高油糯玉米、高赖氨酸糯玉米等一批优良种质。对我国鲜食玉米核心种质进行全基因组和籽粒发育期转录组重测序，建立了覆盖全基因组的 1 050 万个 SNP 标记的数据库，经表型和代谢组关联分析，获得 3 万多个功能基因的 SNP 标记。利用分子标记技术和 DH 技术，快速创制出抗性和品质均提升的鲜食玉米种质材料，证明通过分子育种等技术手段不断提高育种效率，同时开发便捷、高效、低成本的诱导和加倍技术体系来加速育种进程，二者有机结合可推动鲜食玉米种业的发展。

四、北京鲜食玉米种业情况

北京是我国种业之都，是全国种业科技创新中心、种业资源集聚中心、全国种业交易交流中心。作为全国玉米种业科技创新的高地，北京在鲜食玉米科技创新及品种研发方面有很大优势。

（1）鲜食玉米科研单位科研资源丰富　北京有中国农业大学、中国农业科学院（作物科学研究所）等隶属于中央的鲜食玉米科研单位，以及北京市农林科学院（玉米研究所）、北京农学院等隶属于北京市的鲜食玉米科研单位。除了强大的科研机构力量，北京还汇集了一批种业重点龙头企业，有圣尼斯等外企，中种集团等国有企业，北京华奥农科玉、北京四海种业等民营企业，凭借现代化育种技术体系，持续为全国提供优质良种。北京已成为我国鲜食玉米的一个主要创新高地，具备高端、高效、高辐射的特征，助力北京大步迈向"种业之都"。

（2）鲜食玉米消费优势显著　当前北京 2000 多万常住人口，按每年人均消费 10 穗算，北京鲜食玉米年消费量 2 亿根以上，需 10 万亩种植规模才能满足基本需求。因此，北京是鲜食玉米巨大的消费市场。但当前北京鲜食玉米种植面积和产量远不能满足本地需求，大部分依靠从外地调运。

（3）种植规模不断扩大　近年来，随着乡村振兴战略实施，以及农科玉368、农科糯336 等新一代鲜食玉米品种的推广，北京鲜食玉米种植面积快速增加，由 2015 年的 2.2 万亩增加至目前近 6 万亩，以每年 10％的增幅恢复性增长，主要集中在房山、延庆、平谷、密云等地。鲜食玉米契合总书记提出的"大食物观"，从吃饱到吃好再到吃得更营养更健康的内涵要求，预计未来北京鲜食玉米在种植规模和品种水平上都会进一步提升，以满足人民群众对鲜食玉米美味和营养的更高追求。

（4）区位优势显著，"鲜"字当头　北京地区生产的鲜果穗在销售上有显著的区位优势，体现在一是本地生产，本地销售；二是北京物流优势显著，借助电商平台、社区团购等新型消费模式，快递物流直达社区。实现早晨采摘，下午送达，晚上餐桌，保障了鲜食玉米的"鲜美"品质，使更多的消费者能品尝到真正的"鲜"玉米。

第十一章 基于论文与专利下中国鲜食玉米育种领域科技发展情况

一、基于 SCI 论文的中国鲜食玉米育种领域科技发展概况

1. 数据来源

基于从 Web of Science 提取到的全球鲜食玉米育种研究领域的 SCI 论文，从中筛选中国独立撰写和合作撰写的论文数据作为研究的数据集，开展相关分析。

2. 研究结果

（1）中国鲜食玉米育种领域发文量及变化趋势　2002 年以来，中国在鲜食玉米育种领域的发文量 196 篇，整体呈现上升趋势。在 2004 年发表了首篇论文，之后陆续有新的论文发表。2016 年以前，中国在鲜食玉米育种领域发文量在 10 篇以内。2017 年以后，在该领域的研究逐渐兴起，至今为鲜食玉米育种研究的成长期。尤其是近两年，在鲜食玉米育种领域的发文量直线增加（图 11-1）。

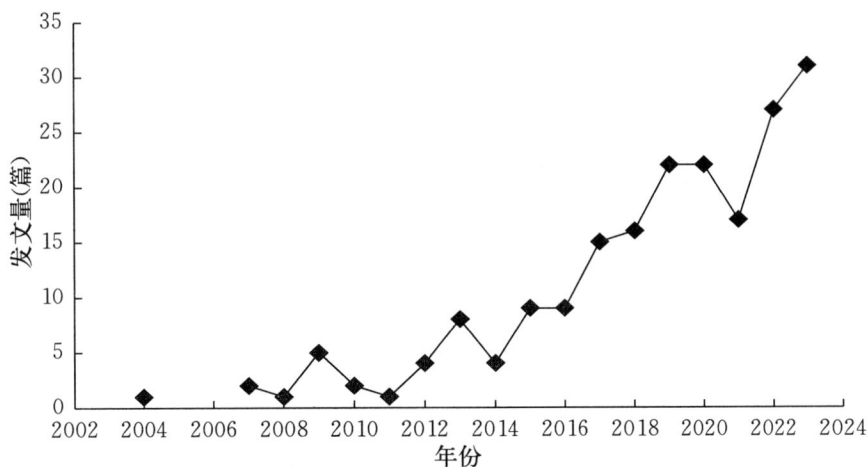

图 11-1　2002—2023 年中国鲜食玉米育种领域 SCI 发文量年度变化

（2）中国鲜食玉米育种研究的国际合作趋势

中国在 2002 年以来发表的鲜食玉米育种相关的 196 篇论文，其中与美国合作的有 16 篇，占总论文数量的 8.16％；其他还有与澳大利亚、英国、德国、新西兰、墨西哥、瑞士、加拿大等国家的合作（图 11-2）。

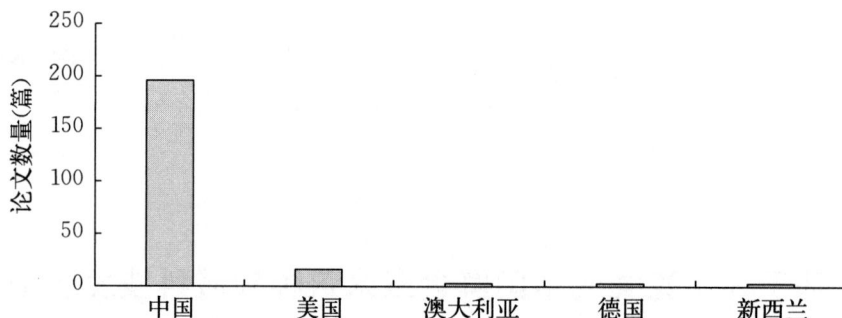

图 11-2　2002—2023 年中国鲜食玉米育种研究国际合作 SCI 发文情况

（3）中国鲜食玉米育种研究主要机构

2002—2023 年，广东省农业科学院在鲜食玉米育种领域的发文量为 21 篇，位居国内第一；排名第二的是扬州大学，发文量为 17 篇；华南理工大学排名第三，发文量为 16 篇。随后依次为中国农业科学院、中国农业大学、华南农业大学、浙江大学、南京农业大学、中国科学院、江苏省农业科学院、上海市农业科学院、沈阳农业大学、四川农业大学、浙江省农业科学院（图 11-3）。

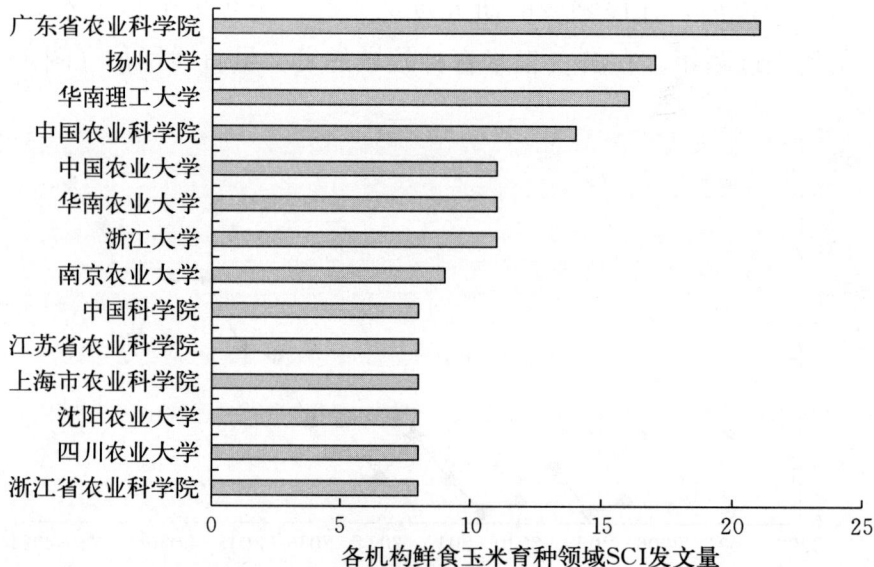

图 11-3　2002—2023 年发文量靠前的中国鲜食玉米育种研究主要机构

（4）中国鲜食玉米育种研究热点

① 鲜食玉米育种相关的产量及蔗糖、淀粉、花青素、类胡萝卜素、半胱氨酸等营养物质有关基因的发现、定位及解析，研究鲜食玉米表型性状的形成的分子机制。

② 鲜食玉米品种的产量、生育期、农艺性状、品质、抗病虫草害、抗旱性、抗氧化活性、抗盐胁迫等性能的研究。

③ 鲜食玉米育种相关的分子标记、基因突变、等位基因、DNA 甲基化、RNA 序列、品种驯化等育种技术研究。

二、基于专利的中国鲜食玉米育种领域科技发展概况

1. 数据来源

从智慧芽专利数据库提取中国鲜食玉米育种研究领域的专利，开展相关分析。

2. 研究结果

（1）专利申请量及年度变化　检索到中国 2002—2022 年鲜食玉米育种相关的专利申请量总计 1 026 项。其中，发明专利申请 879 项，授权 131 项。从年度变化趋势可以看出，2010 年以前，中国鲜食玉米育种相关的专利申请较少，每年数量均在 10 项以内。2010 年及以后，在该领域的专利申请量逐年增加，2013 年以后增长趋势明显，到 2017 年专利申请量达到峰值，为 196 项。之后有下降趋势。2018—2022 年中国在鲜食玉米育种领域的专利申请量总计有 337 项，其中 2018 年的申请量占总量接近 50%，2019—2022 年每年的申请量保持平稳，在 50 项左右（图 11-4）。

（2）鲜食玉米专利申请主要机构　从专利申请数量看，中国在鲜食玉米育种领域的研发机构较为分散，排名前 5 的研发机构有广东省农业科学院作物研究所（9 项）、南京市蔬菜科学研究所（9 项）、福建农林大学（7 项）、上海市农业科学院（6 项）以及北京市农林科学院（6 项）。其他还有广西农业科学院蔬菜研究所、沈阳特亦佳玉米科技有限公司、沈阳农业大学、吉林省农业科学院、安徽农业大学、华中农业大学等。

（3）中国鲜食玉米专利相关研发领域　中国鲜食玉米育种相关的专利主要涉及改良基因型的方法，包含酶、核酸或微生物的测定或检验方法，突变

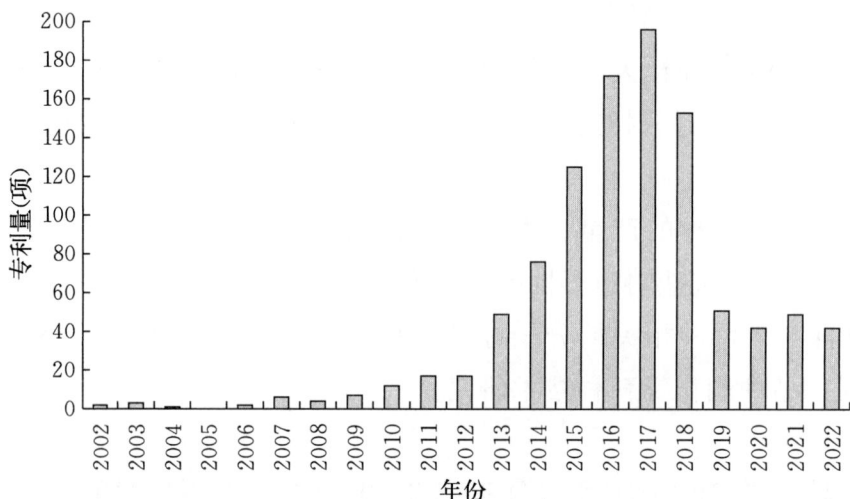

图 11-4 2002—2022 年中国鲜食玉米育种相关专利申请量

或遗传工程，以及遗传工程涉及的 DNA 及 RNA、载体、制备或纯化等方面（图 11-5）。

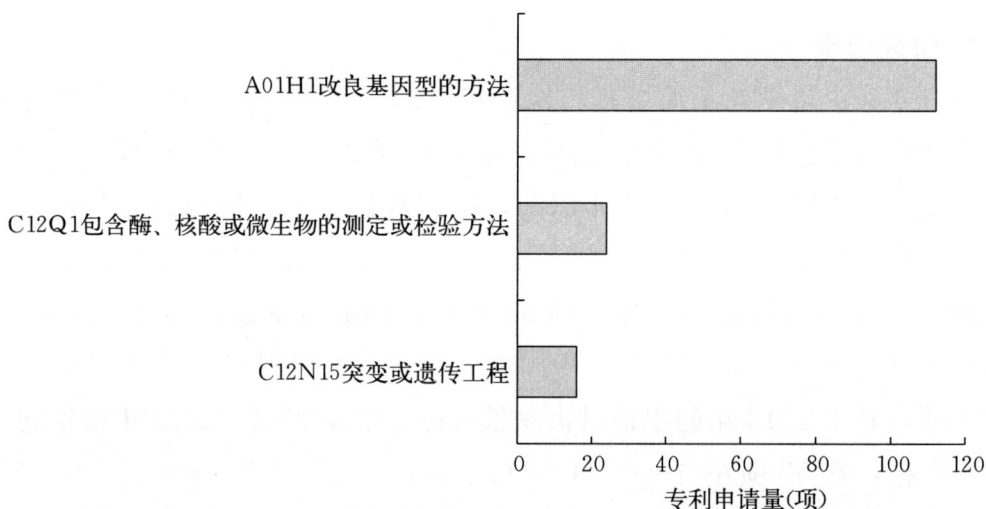

图 11-5 2002—2022 年中国鲜食玉米育种相关专利研发领域及数量分布

海南波莲科技有限公司研发的一种玉米 $Ms8$ 基因突变体及其分子鉴定方法。将糯玉米品种京科糯 2000 经钴 60 辐射诱变引起玉米 β-1,3 半乳糖基转移酶（$Ms8$）基因第 6 个外显子中一个碱基 T 突变为碱基 C，导致一个酪氨酸转变为一个组氨酸。将该 $Ms8$ 基因突变体命名为 $ms8$-4505，并明确其核苷酸序列。进一步证实该突变体引起玉米隐性雄性核不育，可用于制备隐性雄性核不育的玉米自交系和转基因玉米，在玉米种质资源的遗传改良育种中作用重大。

广东省农业科学院作物研究所研发的一种与甜玉米种子活力性状紧密连锁的分子标记方法。通过全基因组关联分析在玉米 1 号染色体上发现 1 个候选基因（*Zm00001d027504*），该基因第 6 外显子上三个 SNP 位点引起了氨基酸变异，这三个 SNP 位点均和种子发芽势显著相关，在 3′UTR 区域也存在一个 SNP 位点和种子发芽势显著相关，针对四个 SNP 位点开发出了扩增标记 S1_6908324、S1_6908332、S1_6908437 和 S1_6907721 的引物，可以用于筛选高活力种子的材料，缩短育种进程。该发明的分子标记能够作为有效遗传标记应用于分子标记辅助选择，提高甜玉米的种子活力。

上海交通大学基于关联分析和 KASP 分子标记技术开发了 *waxy1* 基因内分子标记。主要是通过全基因组关联分析和候选基因关联分析技术，找到位于 *waxy1* 基因内与直链淀粉含量极显著相关的 1 个 InDel 和 2 个 SNP 标记。所检测到的 InDel 标记为中国糯玉米的主要突变类型，基于该 InDel 开发的标记可通过琼脂糖胶对糯玉米材料进行鉴定，相比以往的聚丙烯酰胺胶鉴定更加方便快捷；同时通过对 59 份玉米自交系材料的 *waxy1* 基因序列区域进行配对连锁不平衡检验，验证了该 InDel 标记与 2 个 SNP 标记紧密连锁，并开发了基于 KASP 技术的 2 个 SNP 的引物，可实现对糯玉米材料快速高效准确鉴定，对糯玉米分子育种具有促进作用。

北京市农林科学院公开了检测高赖氨酸玉米的方法及其专用分子标记。该发明提供了玉米基因组中 *opaque-2* 基因（*o2*）的 SNP 位点 OE2-4 在鉴定或辅助鉴定待测玉米籽粒赖氨酸含量中的应用。所述 SNP 位点 OE2-4 为玉米基因组中 *opaque-2* 基因的第五外显子区域第 2 137 位，可以作为检测赖氨酸 *opaque-2* 基因型的分子标记，用于辅助高赖氨酸糯玉米种质改良。

第十二章　中国鲜食玉米加工情况

一、加工产业概况

目前，我国鲜食玉米加工企业已超 1 100 多家。主要加工产品为速冻糯玉米穗，真空包装甜、糯玉米穗，速冻甜玉米籽粒和甜玉米籽粒罐头。我国糯玉米种植面积 1 200 万亩以上，每年产量约 360 亿穗，其中约 50％不经加工直接鲜穗消费，50％直接速冻储藏反季节消费和整穗真空包装等。我国甜玉米年种植面积在 700 万亩以上，其中 70％用于直接上市销售，20％用于加工成速冻甜玉米籽粒和甜玉米罐头，10％用于加工成甜玉米饮品、小包装零食等。我国甜加糯玉米年种植面积约 700 万亩，年产量约 200 亿穗，其中约 80％用于直接上市销售，约 20％用于整穗真空包装，几乎无速冻果穗和籽粒。

我国鲜食玉米加工企业中大型企业占比较少，约为 3％。一般大型加工厂鲜食玉米种植订单在 1 万亩以上，年加工量 3 000 万穗以上，拥有万吨级以上的冷库，有齐全的加工设备，丰富的产品种类。有的企业引进了国外的部分先进设备，加工高峰时期吸纳劳动力 1 500 人以上，而小型加工企业加工量仅有几百万穗。南方鲜食玉米加工企业多为小型甜玉米加工厂，设备简单，手工操作多，机动性强。由于国家鼓励"公司＋基地＋农户"的运作模式，我国甜玉米加工企业基本上建于产地地区。目前，我国鲜食玉米加工工艺已经成熟，但我国行业内设备厂家规模普遍还很小。

二、主要加工产品

鲜食玉米加工历史悠久，早在甜玉米刚发现之初，印第安人就利用甜玉米制糖、做点心、酿造啤酒。目前，我国鲜食玉米加工制品主要有速冻玉米、玉米罐头、软包装玉米、玉米饮料等。

1. 速冻鲜食玉米

速冻玉米是将新鲜或煮熟的玉米（可分为整穗、段状和粒状等不同类型）置于 −41 ℃ 左右的低温条件下快速冷冻后，保存在 −18 ℃ 的低温下。由于冻结快速，对细胞造成的损伤较小，可以保证鲜食玉米良好的质地、外观、口感及其独特的香味和营养价值，并且在 6～8 个月内保持其原有风味。甜玉米由于其果皮较薄、水分含量高易造成破损，不适宜整穗速冻。有部分甜玉米籽粒速冻，占用于加工甜玉米总量的 40%。因此，一般鲜食玉米速冻产品主要是糯玉米。我国速冻加工的糯玉米产品主要是速冻果穗，有部分速冻玉米段和糯玉米籽粒。

2. 玉米罐头

鲜食玉米罐头由前处理、脱粒、削粒刮浆、调料、装罐密封、杀菌等工序制成，分为整粒玉米罐头、整段玉米罐头和糊状玉米罐头等不同产品类型。在加工中需要注意罐头内容物的配料组成，添加淀粉量为 0.3%～0.6%，并且在内容物预煮糊化时尽可能利用高温（115～125 ℃）短时间（20～30 min）处理，在杀菌过程中尽可能缩短内容物受热的时间。因罐头一般需要具有甜味等特殊要求，为保证鲜食玉米罐头具有良好质量。因此，一般用甜玉米制作罐头。在用于加工的甜玉米中约 30% 用于罐头加工。

3. 真空软包装玉米

真空软包装鲜食玉米果穗是市场上近几年来广受消费者欢迎的鲜食玉米保鲜产品。特别是 2021 年以来，软包装鲜食玉米的市场需求量大幅上升。它以新鲜甜、糯玉米为原料，经去皮、整理（切头去尾）、高压清洗、漂烫、冷却、真空包装、杀菌、风干等工序制成（图 12 − 1）。甜玉米、糯玉米和甜加糯玉米，以及不同颜色玉米都可以真空软包装，且由于品质好、易于储存，需求量显著上升。目前，用于真空包装的甜玉米占甜玉米加工总量的 20%，糯玉米占该类型加工总量的 40%，甜加糯玉米的加工则主要是软包装。

4. 鲜食玉米饮料

鲜食玉米在乳熟期采收，籽粒水分含量高，特别是甜玉米胚乳中含有较多的可溶性糖，使得其口感嫩滑、柔软、香味浓郁、非常适合饮料的开发。在使用时，甜玉米经削粒刮浆及无菌处理被加工成甜玉米原浆。目前，鲜食玉米饮料的开发研究主要集中在原料复配、产品稳定性等方面。用于加工成饮品和其

```
┌──────────────┐      ┌──────────────┐      ┌──────────────┐
│  鲜食玉米采收  │ ───▶ │  去果穗苞叶   │ ───▶ │   切头去尾    │
└──────────────┘      └──────────────┘      └──────────────┘
                                                    │
                                                    ▼
┌──────────────┐      ┌──────────────┐      ┌──────────────┐
│   真空包装    │ ◀─── │  沥水风干    │ ◀─── │  滚杠清洗     │
└──────────────┘      └──────────────┘      │ （驱虫去须）  │
       │                                     └──────────────┘
       ▼
┌──────────────┐      ┌──────────────┐      ┌──────────────┐
│   高压杀菌    │ ───▶ │  外袋封口    │ ───▶ │ 成品鲜食玉米  │
└──────────────┘      └──────────────┘      └──────────────┘
```

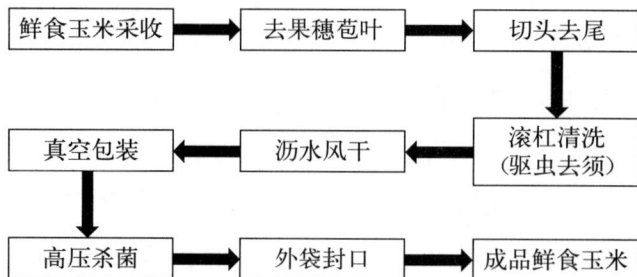

图 12-1　真空包装鲜食玉米生产工序

他小零食等的甜玉米占加工总量的近 10%。

5. 糯玉米淀粉加工

普通玉米中含直链和支链两种淀粉，含量分别占 65%～80% 和 35%～20%，而糯玉米中几乎 100% 都是支链淀粉。和普通玉米淀粉相比，糯玉米营养价值高，且糯玉米淀粉有高膨胀力（是普通玉米的 2.7 倍）、高透明度和较强的黏滞性，同时还具有良好的适口性。我国以糯玉米为原料，可生产出含 95%～100% 纯天然支链淀粉，用于食品、造纸、纺织和医药等行业，可大幅度降低成本，提高质量。

6. 其他产品

鲜食玉米除加工成速冻鲜食玉米、鲜食玉米罐头、真空软包装鲜食玉米、鲜食玉米饮料外，还有玉米脆片、玉米汤圆、玉米软质面包等产品，此外，鲜食玉米还可加工为玉米蜜饯、玉米果冻、玉米冰淇淋等。这不仅提高了鲜食玉米产品的附加值，也为鲜食玉米产业提供了更广阔的发展前景。

三、加工企业发展概况

随着鲜食玉米消费量增加、种植面积的扩大，我国鲜食玉米产业快速发展，同时鲜食玉米加工企业大量涌现，生产加工能力、产品质量大幅度提升，产品类型丰富，销售渠道多元化，实现常年供应。目前，我国鲜食玉米加工企业有 1 100 多家，主要分布在北方，河北省唐山市、秦皇岛市、张家口市，黑龙江省绥化市，山西省忻州市等地是鲜食玉米加工企业集中区。

河北省鲜食玉米加工企业约 100 家，在全国鲜食玉米加工企业 30 强评选中，河北省独占鳌头，有 7 家加工企业跻身 30 强，占比 24%，且省重点龙头企业占83%。7家企业年加工鲜食玉米穗2.7亿穗，鲜食玉米粒6万吨，玉米油2 000吨，玉米饮品680万瓶。这些龙头企业，如河北德力食品有限公司、河北鼎晨食品有限公司、唐山广野食品集团有限公司，有效带动了河北省经济的发展，推动了鲜食玉米产业的发展。河北省80%的加工企业主要有速冻甜、糯玉米粒、玉米段，真空包装鲜食玉米穗等初级加工产品。

吉林省是我国鲜食玉米加工大省，是在全国范围内玉米加工起步最早的省份之一，曾是中国鲜食玉米规模化、工业化最高的省份。全国首家速冻糯玉米生产企业、首家甜玉米罐头生产企业都来自吉林。目前，吉林省从事鲜食玉米加工的注册厂家约300家，规模较大的企业50家以上，有吉林天景鲜食玉米发展有限公司、"东北农嫂"、"陆路雪"等产业化龙头企业和知名品牌。加工产品上除了初级产品，也扩展至鲜食玉米速溶粉、鲜食玉米羹、复合营养玉米糊等附加值高的深加工产品。

第十三章 中国鲜食玉米消费情况

一、消费结构变化

随着城乡居民收入的增加和生活条件的改善,我国居民消费结构正在发生明显变化,"吃饱型"消费已基本成为过去式。当前这一阶段,消费者对农产品的消费需求在不断升级,人们不仅要"吃得饱",还要"吃得好、吃得健康"。个性化、多样化消费日益成为主流,消费者的品牌意识较之前有大幅提高,优质、健康、安全、便捷成了消费者共同的新追求。从消费类型看,中国也正由生存型消费需求向发展型和享受型需求转变。2018年,中共中央、国务院发布《关于完善促进消费体制机制 进一步激发居民消费潜力的若干意见》,意见强调,要促进实物消费不断提档升级,在吃穿用消费方面,加强引导、强化监督,确保市场主体提供安全放心的吃穿用消费品。从居民对鲜食玉米的消费结构变化来看,主要体现在:一是需求更加多元化,如鲜果穗、真空包装果穗等不同产品形式,白色、紫色、花色、黑色、黄色等不同产品颜色,甜、糯及甜加糯等不同产品口味等。二是更注重营养健康,除原有口感外,还能富集某些营养物质,如叶酸等。三是消费群体也发生变化,年轻群体引导了部分市场消费,带动市场产品更加个性化和多元化。

二、消费情况分析

随着居民饮食消费观念发生转变,越来越多消费者选择低脂高膳食纤维产品。鲜食玉米作为全谷物健康食品,因其营养物质,特别是脂肪含量低、膳食纤维含量高等突出特点,老少皆宜,受到越来越多消费者的喜爱和欢迎,并且消费者越来越年轻化。

1. 不同地区消费概况

我国鲜食玉米种植面积达 2 600 万亩以上，位列世界第一，市场规模大于 700 亿穗，未来整体体量还将迎来增长，整体市场规模达到 800 亿穗。我国鲜食玉米消费呈现出鲜食、加工、餐饮相结合的多元化消费方式，并形成广泛、旺盛、持久的鲜食玉米消费态势。近年来，北方甜玉米消费量逐步上升、南方糯玉米消费量也同步上升，甜加糯类型则南北方兼顾，南甜北糯的消费局面已被打破。

东北地区是鲜食玉米的优势加工生产区，产品以外销为主。京津冀地区是我国鲜食玉米消费大区，且由于该地区集人口优势、地区优势、技术优势于一体，对鲜食玉米的品质和多样化要求较高，从而带动该地区消费优势居全国领先。东南沿海区也是我国鲜食玉米消费大区，该地区甜加糯型玉米种植比例上升较快，以当地消费为主。西南山区本地消费逐渐趋于多元化，并且因反季节种植优势，鲜食玉米产品以外销为主。（表 13 - 1）。

表 13 - 1　我国不同地区鲜食玉米消费特征

地区	消费特征
东北地区	优势加工生产区，产品外销为主
京津冀区	消费大区，当地消费为主，对品种品质和多元化要求高
东南沿海区	消费大区，当地消费为主，高品质鲜食玉米消费区，甜加糯型品种比例上升快
西南山区	消费大区，鲜穗外销为主，多元化消费趋势日渐显著

2. 销售价格分析

鲜食玉米营养价值高，生长周期较短，产出收益一般是普通玉米的 3 倍以上。其价格受消费地区、季节性、和市场需求供应的影响，呈现出波动状态（表 13 - 2）。以北京为例，早上市（6 月底）的鲜食玉米价格约 5 元/穗甚至更高，至 8 月中旬大量上市期，价格下降至 1～2 元/穗。10 月以后，本地鲜食玉米产量减少，大部分为南货北运，价格又上升至 5 元/穗左右。

表 13 - 2　各地鲜食玉米产销时间及市场情况

地区	种植时间	上市时间	市场目标	市场价格
华南	秋季：9—10 月 春季：1—2 月	1 月 5 月	以南方大中城市为主，部分外调到天津、北京等北方城市，且比例逐年增加	当地 4～6 元/千克

（续）

地区	种植时间	上市时间	市场目标	市场价格
华中	春季：3月 秋季：7月下旬	6月下旬至10月	南方及中部城市为主	当地2～4元/千克
华北	3—5月	6—8月	以京津冀城市群为主	4～10元/千克
东北	5—6月	9月中旬	东北三省及其他地区	2～4元/千克

资料来源：中关村国科现代农业产业科技创新研究院。

3. 鲜食玉米消费情况分析

（1）近4年主粮消费稳步提升，玉米热度不减　自新冠病毒感染疫情发生后，消费者对米类、面粉、玉米、杂粮的消费需求呈明显上升态势，4年内整体销售额同比增长53%；从大众主要饮食消费结构看，大米依旧是最重要的主粮品类。玉米作为健康均衡饮食的重要品类之一，销售占比提升至11%。而鲜食玉米在整体玉米中的特殊地位，使得4年来其消费总额连年攀升。Moving Annual Total（MAT，月滚动年销售趋势）2022年（2021.7.1—2022.6.30统计数据）鲜食玉米销售占比已高达87%。

鲜食玉米正日益成为大众"轻健康"的生活方式。近3年来，有约6成消费者每月都会购买鲜食玉米，比2021年前频次增加很多。2023年后，消费者对鲜食玉米的花费出现明显提升，近4成消费已开始选择单价相对较高的鲜食玉米，未来鲜食玉米向高端化发展具有较大潜力。消费者平均单次在鲜食玉米上的消费在0～50元的占78.2%（图13-1），在50～100元的占17.0%，在100元以上的占4.8%。另根据天猫消费平台统计数据，消费者更愿意购买单价在

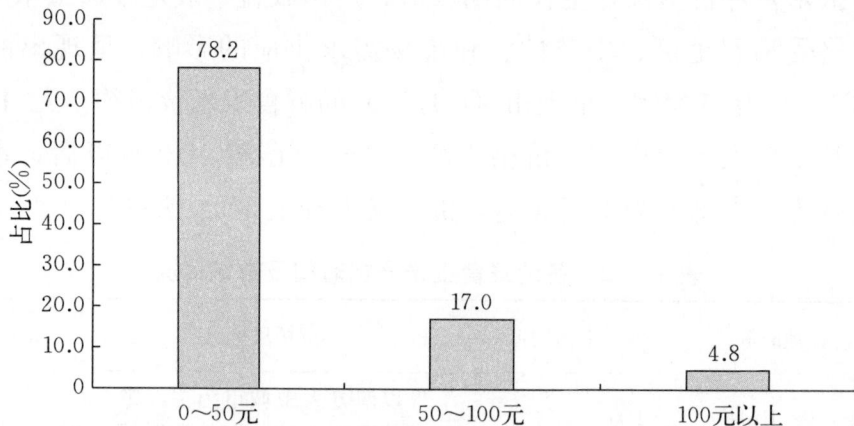

图13-1　消费者单次购买鲜食玉米产品花费占比

中等以上水平的产品，有 48% 的消费者购买价格区间为 3～5 元/穗（图 13-2），有 23% 的消费者愿意购买更高价格 5～8 元的果穗产品。

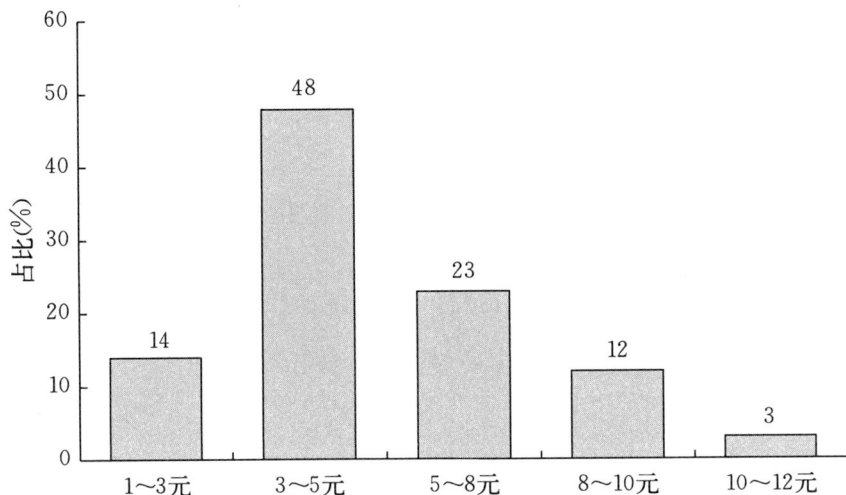

图 13-2　消费者购买单穗鲜食玉米价格分布

资料来源：《2022 年鲜食玉米消费白皮书》。

（2）糯玉米成为主要消费品类，东北地区销售优势大

随着品种培育技术的不断发展，鲜食玉米品类逐渐细分化并且日益丰富。据天猫数据统计，黄糯玉米是消费者购买的主要品类，占所有糯玉米的近 50%，其次是白糯玉米，占约 30%，黑糯玉米和彩糯玉米正在逐渐受到消费者关注。

同时，数据显示，消费者对鲜食玉米的品质要求，特别体现在对原产地的重视上（图 13-3），以黑龙江为代表的地区成为消费者最关注的重点原产地。从购买渠道来看，86% 的消费者会选择在线上电商渠道购买（图 13-4）。

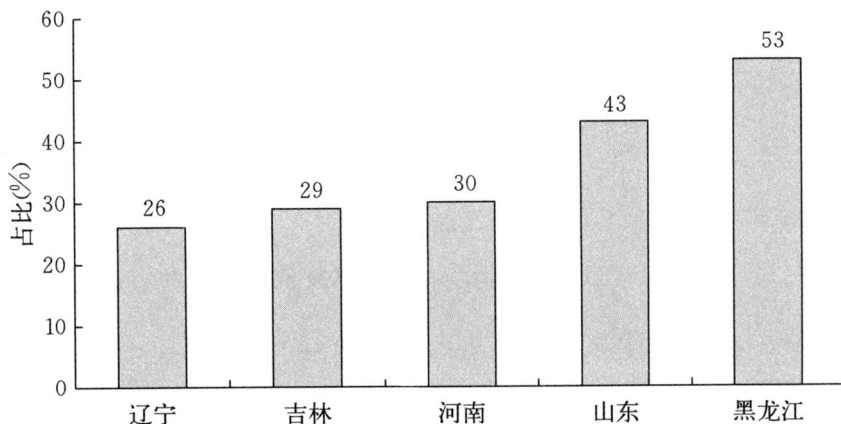

图 13-3　受访消费者重点关注的鲜食玉米产地

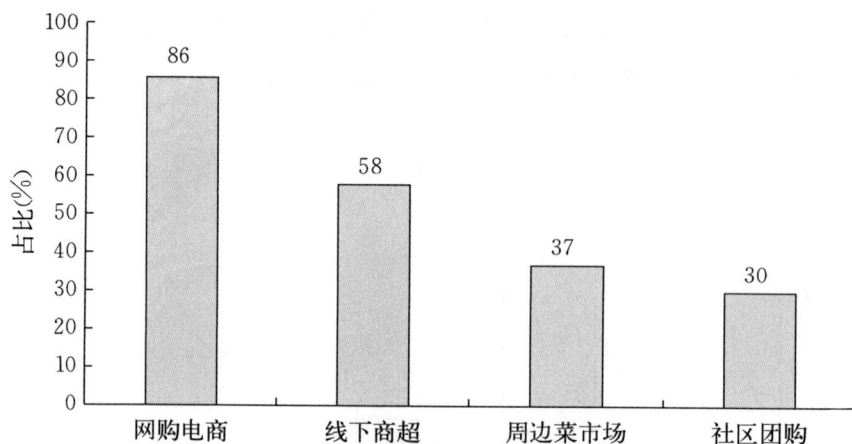

图 13-4 受访消费者购买鲜食玉米渠道

资料来源：《2022 年鲜食玉米消费白皮书》。

从购买因素来看，鲜食玉米本身具备的鲜甜独特口感、高新鲜度、食用便捷等特点，是越来越多消费者从普通玉米转向食用鲜食玉米的主要因素（图 13-5）。从营养价值来看，低脂肪、高纤维、多营养的天然食品特点，成为消费者购买鲜食玉米的主要关注因素（图 13-6）。

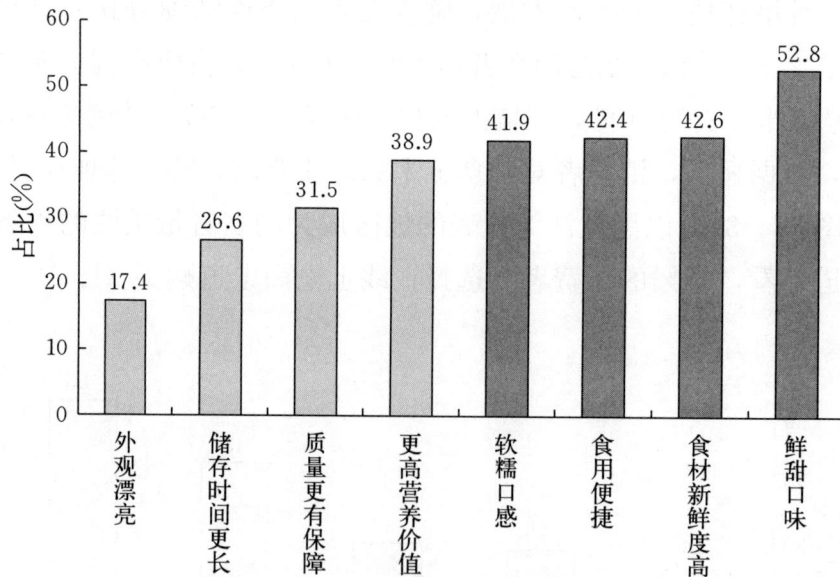

图 13-5 受访消费者购买鲜食玉米的因素

（3）消费人群以女性和年轻者为主，食用场景多元化

目前鲜食玉米市场中年轻化消费趋势日益显著，"80 后""90 后"中青年对鲜食玉米的消费需求旺盛，特别是女性在消费者中占比较大。超过一半的受

访者将鲜食玉米作为日常代餐、佐餐或主食替代，作为蔬菜、零食、水果等多样化食用需求也非常旺盛（图 13-7）。

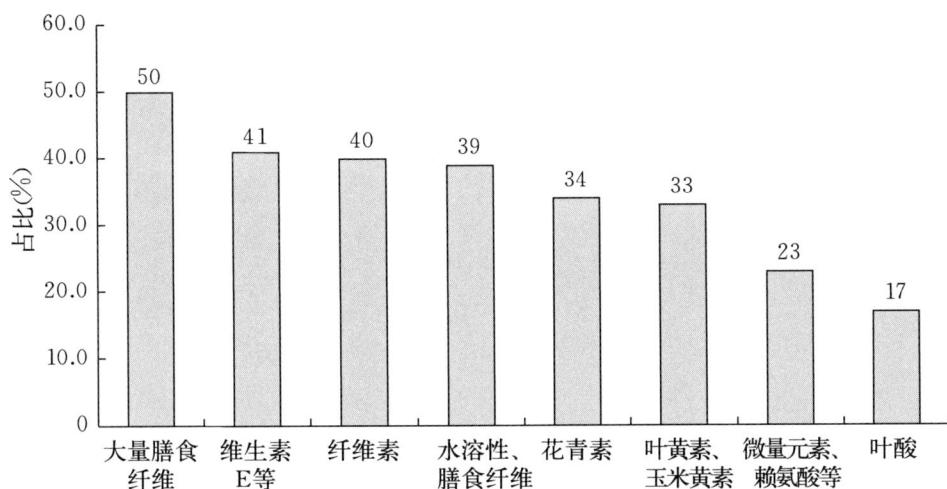

图 13-6　受访消费者对鲜食玉米营养价值关注度

资料来源：《2022 年鲜食玉米消费白皮书》。

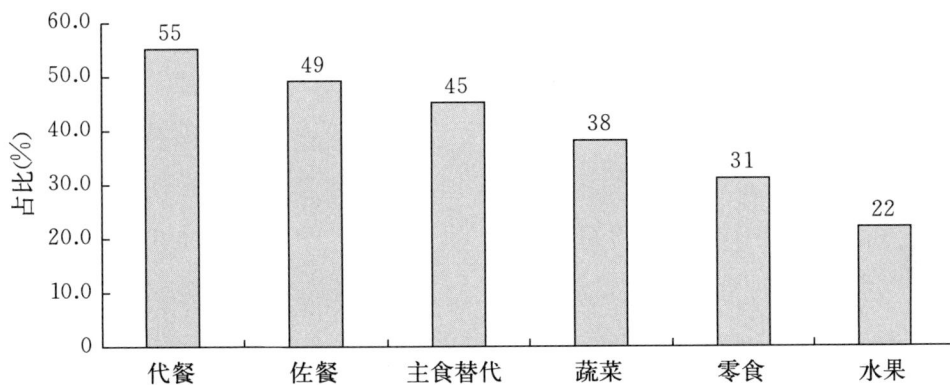

图 13-7　受访消费者食用场景需求

资料来源：《2022 年鲜食玉米消费白皮书》。

三、主要销售方式

我国鲜食玉米的销售类型有商业机构对商业机构的批发型销售、商业机构对消费者的互联网销售、种植户对用户点对点销售等。销售渠道主要包括超市、卖场、农贸市场和网上商城等多种渠道。随着互联网技术的发展以及"互联网＋"的广泛应用，我国鲜食玉米行业的主要销售方式已由原来的线下销售为主，逐渐转化为线上与线下融合的新方式。互联网电商、社群团购、社交电商、直播、私人定制销售等成为新型销售方式，可实现种植区周围 24 小时内从田间到餐桌的快速供应，缩短了流通时间。另外，电商、物流等的快速发展，也促进了全国范围内鲜食玉米的循环流通，如海南、云南等反季节种植的鲜果穗可通过电商、物流运输到北方，速冻、真空包装等产品可在全国范围内流通，实现鲜食玉米周年供应。

第十四章 中国鲜食玉米产业重要领域代表介绍

我国鲜食玉米种业和产业经历了 2003 年之前的起步发展期、2003—2017 年的快速发展期、2018 年至今的多样化发展期，在基础科学研究、种质创新及新品种选育、种子生产销售与推广、产品加工与流通等方面都取得了显著的进展和成效，鲜食玉米基础研究与品种选育单位、种子企业数量大幅增加，品种数量暴发式增长，种植面积逐步扩大，产品种类日益多元，我国已成为全球最大的鲜食玉米生产国和消费国。经梳理近年来我国鲜食玉米种业及产业重要进展，选取在基础科研、品种培育、品种推广、产品加工与流通等领域的重点代表进行介绍。

一、主要基础研究单位

利用 Web of Science 检索平台，检索 2002—2023 年全球鲜食玉米育种研究领域的 SCI 论文，从中筛选中国独立撰写和合作撰写的论文数据作为研究的数据集。利用智慧芽数据库平台，从中提取中国鲜食玉米育种研究领域所授权的专利数据作为数据集。

从文章和专利数量的角度来看，我国开展鲜食玉米基础研究的主要单位有广东省农业科学院、扬州大学、华南理工大学、中国农业科学院、北京市农林科学院、中国农业大学、华南农业大学、浙江大学、南京农业大学、上海市农业科学院等。各单位发表 SCI 论文和申请国家发明专利的数量在 9～51 项，主要研究内容涉及鲜食玉米抗病性、营养品质、胚乳结构、种子活力等性状的基因挖掘和分子机理解析、基因编辑等育种技术研究及应用等。

二、主要育种单位

以中国种业大数据平台为检索数据库，检索 2013—2023 年通过国家审定的鲜食玉米品种数量。在这期间，选育并审定品种数量较多的单位有北京市农林科学院、北京中农斯达农业科技开发有限公司、广东省农业科学院作物科学研究所、浙江省农业科学院、重庆市农业科学院、江苏省农业科学院、河北华穗种业有限公司、北京金农科种子科技有限公司、上海市农业科学院、南京绿领种业有限公司等。各单位选育的品种数量在 8~34 个，类型上包括甜玉米、糯玉米及甜加糯玉米，颜色上有白色、黄白双色、紫色、花色、黄色、黑色等不同颜色。各育种单位为我国鲜食玉米产业发展起到了重要科技支撑作用。

三、主要种业企业

1. 北京华奥农科玉育种开发有限责任公司

北京华奥农科玉育种开发有限责任公司成立于 1998 年，注册资本金 1 亿元人民币，是从事玉米种子、玉米终端消费品的研发、生产、市场运营及技术服务为一体的专业型玉米公司。公司产品有大田玉米、甜玉米、糯玉米、甜加糯玉米等系列种子、真空包装玉米棒以及延伸消费品，如玉米须茶、玉米糊、玉米肽等，是中国目前规模较大的鲜食玉米种业企业。公司目前市场上销售的鲜食玉米品种 25 个，年生产加工种子 300 万千克，制种量和销售量在鲜食玉米种子行业名列前茅。

2. 河北华穗种业有限公司

河北华穗种业有限公司成立于 1998 年 5 月，是一家专门从事特用玉米种子研究开发和生产经营的专业种子公司，是河北省农业产业化重点龙头企业、国家科技型中小企业、省优质产品企业、省名牌产品企业和国家高新技术企业。公司每年研发费用投入达 500 多万元，已通过国家及省级审定并正在推广的品种 28 个。公司目前主推品种有万糯 2000、万糯 2018、万糯 188、万糯 8 号、万黑糯 109、万糯 2013、万甜 2015 等，年销售额数亿元。"华穗"品牌鲜食玉米良种远销全国各地，在行业中享有较高的声望，并与 1 000 多家经营单位建立了稳定的合作关系，取得了较好的经济效益和社会效益。

3. 北京中农斯达农业科技开发有限公司

北京中农斯达农业科技开发有限公司成立于 2000 年 6 月，是专门从事特用玉米种子科研、生产、加工、销售为一体的特用玉米种子企业，目前拥有 2 家控股子公司：北京年成食品有限公司（致力于鲜食玉米品种加工产品转化及衍生食品的开发与利用）、北京绿源金禾种植专业合作社（致力于鲜食玉米品种种植、鲜果穗流通转化等）。公司用于科研的直接投入 250 万～300 万元/年，选育开发出如天紫 23、斯达甜 221、斯达糯 41、密甜糯 1 号和密花甜糯 12 号等共 78 个具有自主知识产权的特用玉米新品种，年营业额稳定在 3 500 万元，取得了良好的经济和社会效益。

4. 北京金农科种子科技有限公司

北京金农科种子科技有限公司秉承以科技培育良种、以良种唤起希望的宗旨，立足种业，服务农民。该公司致力于甜玉米、糯玉米和普通玉米的育种、生产和销售。目前已向市场推出各类鲜食玉米品种。甜加糯玉米品种有金糯 628、金糯 685、彩甜糯 617、彩甜糯 627、彩甜糯 608 等；糯玉米品种有吉农糯 7 号、金糯 691、柳糯 8 号、金花糯 638、金花糯 639、金彩糯 670 等；甜玉米品种有金甜 878、金甜 678、双色蜜脆、双色甜 3 号、双色甜蜜等。

5. 北京四海种业有限责任公司

北京四海种业有限责任公司前身为北京四海种苗经营公司，成立于 1994 年 1 月。主要以研发经营鲜食甜、糯、甜加糯玉米种子为主，兼顾蔬菜、西瓜种子。品种来源以自主选育为主，结合引进推广；经营形式以批发销售为主。目前，公司通过国家或部分省份审定鲜食玉米新品种 10 个，主推品种有金冠 597、京甜糯 807、京糯 832 等，3 个品种累计推广面积 130 万亩以上。

6. 青岛金妈妈农业科技有限公司

青岛金妈妈种业科技有限公司是一家致力于为全球种子产业赋能的科技创新型民营企业，主营业务为蔬菜砧木与鲜食玉米新品种研发与推广服务。公司先后获评国家级育繁推一体化企业、中国蔬菜种业信用骨干企业、中国种子行业 AAA 信用企业、国家农作物品种展示评价基地、全国农村农业创业基地、山东省瞪羚企业、山东省育种技术创新中心、山东省农业产业化重点龙头企业、山东省十强产业集群领军企业、山东省农业产业化示范联合体单位。

2015 年公司成立鲜食甜玉米研发中心，专注开展选育适宜中国地区的鲜食玉米新品种。公司构建了山东-云南-广州-海南异地联动的一年三季、周年多次的甜玉米品种评价体系，育成金百甜系列、百帝伟系列、皇金翠系列鲜食玉米品种 40 余个，累计推广超过 100 万亩。近年来，公司逐渐加大科研投入力度，2023 年研发投入 1 600 余万元，占销售收入的 7.17%。

7. 南宁市桂福园农业有限公司

南宁市桂福园农业有限公司成立于 2002 年，是广西蔬菜良种培育中心、广西农业产业化龙头企业、广西高油高蛋白玉米加工工程技术中心、南宁市农业产业化龙头企业。公司从事鲜食玉米商业育种近二十年，在南宁建设 3 个科研农场，在全国各生态区设立 6 个测试站。公司资产超过 2 亿元，每年投入育种研发经费超过 1 000 万，年销售额超过 7 000 万，利润超 1 000 万。目前，已自主选育并通过审定品种 70 余个。以天贵糯 932 为代表的彩甜糯品种是国内外市场的主流品种，出口越南、泰国、缅甸、柬埔寨等东盟国家及韩国与我国台湾地区，审定推广 8 年来，种子销售超过 350 万千克，推广面积超过 400 万亩。天贵糯 937 自审定 8 年来销售种子超过 150 万千克，推广面积超过 150 万亩。

8. 荆州市恒彩农业科技有限公司

荆州市恒彩农业科技有限公司前身为荆州区恒丰种业发展中心，从 1998 年开始一直致力于特色鲜食玉米新品种的科研、选育与推广，以自身的专业性、特色化、创新能力强等优势成为彩色甜加糯鲜食玉米类型的技术领先企业，将甜加糯鲜食玉米从无到有打造出了一条全国性的完整产业链。公司已选育出国审品种 2 个，省审品种 5 个。2023 年度，公司投入研发费用 362.3 万元，年生产经营特色鲜食玉米种子 50 多万千克，种子销售地域覆盖从黑龙江省到海南省的全国各地，并出口到东南亚、欧洲、非洲等海外地区。特别是公司选育的龙头产品彩甜糯 6 号红白双色甜加糯玉米，获得了种植户、流通商、加工厂、消费者的一致好评。

9. 厦门华泰五谷种苗有限公司

厦门华泰五谷种苗有限公司是 2007 年在厦门注册的专门从事高价值甜玉米新品种育种、种子生产销售和鲜果穗产业化的科技型公司，近三年年平均销售额 5 000 万元左右。公司致力于甜玉米等农作物新品种的育种创新研发，已获植物新品种权 39 个，实用新型专利 14 项，是拥有甜玉米新品种权数量最多的实体之一。先后育成 SBS902、SBS903、华泰甜 216、华泰甜 325、华泰甜 329，华泰甜 313 等系列优秀甜玉米新品种。SBS902 是中国双色水果玉米的主流品种，年种植面积 50 万亩以上，在云南每年为农民创收 20 亿元以上；SBS903 是东华北加工厂当家品种，年种植面积 20 万亩以上；新品种华泰甜 216 和华泰甜 325、华泰甜 329 荣获中国种子协会天津鲜食玉米大会一等奖。华泰甜 216 和华泰甜 325 是业界认可的新时代明星品种。

10. 海南绿川种苗有限公司

海南绿川种苗有限公司成立于 2001 年，是集科研、繁育、生产加工、销售为一体的专业鲜食玉米种子公司，是海南省农业产业化重点龙头企业、海南省高新技术企业。公司成立以来，率先将甜糯双隐基因用于鲜食玉米育种，2004 年，公司育成的全球首个甜加糯商业化品种"都市丽人"通过审定。多年来，公司引领中国加甜糯玉米发展，催生出鲜食玉米第三极。公司研发团队不断创新，继甜加糯玉米后又成功研究出爽甜糯玉米育种方法，开启了又一个鲜食玉米新类型。公司在中国建立了 6 个核心育种站，年测配组合万余个，并在不同纬度及海拔进行鉴定，品种类型覆盖热带至黑龙江第四积温带。根据各地气候环境差异，实行联合定向选育，主栽地筛选，专属定制，以期品质、产量和抗逆性高度匹配，培育出个性化专属品种，助力合作伙伴价值提升。

公司目前已审定鲜食玉米品种 30 个，其中国审品种 12 个。主要推广品种为美玉 27 号、美玉加甜糯 25 号、美玉加甜糯 7 号、美玉糯 16 号、白色恋人、美玉糯 11 号等。公司致力成为鲜食玉米品种选育的创新者和行业推动者，引领中国鲜食玉米产业的持续健康发展。

四、代表性品种

选取近年来在生产上推广应用面积较大、为我国鲜食玉米产业发展起到重要推动促进作用的品种进行介绍。

1. 京科糯 2000

京科糯 2000 由北京市农林科学院玉米研究所选育，于 2006 年通过国家审定，之后陆续通过吉林、福建、浙江、新疆等省份审（认）定，并且是我国第一个通过国外（韩国）审定的玉米品种。具有高产、优质、多抗、广适、易制种等综合优点，并具有果穗适采期长、鲜售及加工均可、穗形周正、籽粒洁白、口感绵软、营养和风味俱佳、凉置后不回生等突出优点。

京科糯 2000 自通过国家审定后的十几年中，一直是我国鲜食玉米种植面积最大、范围最广的主导品种，常年种植面积在 500 万亩左右，占我国糯玉米总面积的一半，最大时曾达总面积的 2/3。深受种子企业、种植农户、果穗加工和广大消费者的普遍欢迎和喜爱，引领了我国糯玉米产业发展方向，促进了我国糯玉米种植面积从 100 万亩快速发展到目前的 1 000 多万亩，并带动了一批种子企业和加工企业的发展。该品种及其产品已走出国门，在东南亚等国家广泛种植，仅越南种植面积就超过 100 万亩，成为该国主导品种；京科糯2000 速冻果穗等产品也早已大量出口到韩国、日本等 50 多个国家和地区，在"一带一路"倡议中发挥了重要作用。

目前，京科糯 2000 已累计推广种植 1 亿亩以上。十几年的大面积广泛种植，证明京科糯 2000 是一个里程碑式的优秀玉米品种，是我国玉米产业和种业自主创新的标志性成果。在使我国成为全球第一大鲜食玉米生产国和消费国以及鲜食糯玉米处于全球领先地位的发展中，都发挥了至关重要的引领和促进作用。京科糯 2000 及其亲本也成为我国宝贵的玉米育种资源，在育种中发挥重要作用。

2. 万糯 2000

万糯 2000 是由河北万全华穗种业有限公司选育而成的白色中熟糯玉米品种，于 2014 年通过上海市审定，2015 年通过国家东华北和黄淮海区，以及河北、广东省级审定，2016 年通过国家东南区和西南区审定，并获得植物新品种权，是我国首个通过国家四大生态区审定的鲜食玉米新品种。万糯 2000 适应性广，适宜在我国各省市种植；幼苗叶鞘浅紫色，叶片深绿色，叶缘白色，花药浅紫色，颖壳绿色，植株长势强壮，株型半紧凑，株高 220 厘米，穗位高 90 厘米，穗长 22 厘米左右，穗行数 14～16 行，行粒数 40；果穗长筒形，籽粒雪白，无秃尖，大小均匀；鲜穗籽粒皮薄，清香绵软，甜糯适口，冷却后不反生，宜鲜食或速冻加工。亩产鲜穗 1 200 千克左右，比对照品种垦粘 1 号增产16％。获得 2020 年中国鲜食玉米速冻果蔬大会（青冈）"糯玉米优势加工品种"、2021 年中国鲜食玉米大会（成都）"十大优秀糯玉米品种"、2022 年第八届中国北方鲜食玉米大会（武清）"优秀品种奖"等 20 多项荣誉。该品种因其产量高、品质佳、抗性强、适应性广等优势，深受广大种植户及加工企业的青睐，万糯 2000 已在生产中大面积推广应用，年销售量稳步增长，2023 年推广面积达 400 余万亩，累计推广面积达 2 000 万亩以上，已成为继京科糯 2000之后，我国鲜食糯玉米市场的又一主导大品种，取得了显著经济效益和生态效益，在我国鲜食玉米产业发展中发挥了重要推动作用。

3. 彩甜糯 6 号

彩甜糯 6 号是由荆州市恒彩农业科技有限公司（原荆州区恒丰种业发展中心）选育的红白双色甜加糯类型鲜食玉米品种，于 2017 年通过国家审定。该品种属于中熟型，生育期 94 天，株型半紧凑，果穗锥形，穗粒红白，穗轴白色，平均株高 221 厘米，穗位高 95 厘米，穗长 19.9～25 厘米，穗粗 4.9 厘米，穗行数 14，行粒数 34.4，亩产鲜果穗可达 1 500 千克左右。

彩甜糯 6 号适应性广，适宜在全国大部分地区种植，并且产量高、稳产性好、植株穗位高度适中、鲜果穗品质优风味佳，一个果穗上同时有甜粒和糯粒，比例为 1∶3，既保证了口感，又风味十足。其微量元素富集能力强、花青素含量高、支链淀粉比例高、耐运输，同时对种植管理要求简单，是好种、好吃、好看品种。该品种的出现，是我国彩色甜加糯类型鲜食玉米的第一次大规模亮相，同时也开拓了一条鲜食玉米品种选育的新道路，引领了彩甜糯型玉米的发展。因其经济价值高，种植户增产增收，同时也带动了一批加工企业的发展，满足了市场的多元化需求，推动了鲜食玉米整个产业链的拓展和成熟。

彩甜糯 6 号目前累计推广面积已超过 2 000 万亩，主要推广区域为东南地区和西南地区。

4. 广良甜 27 号

广良甜 27 号是广东省良种引进服务公司育成的优质、高产、广适和高抗超甜玉米品种，2017 年通过广东省品种审定，2019 年获得植物新品种授权（CNA20161151.3），2021 年通过国家品种审定，2022 年获得"广东省名优高新技术产品"称号。

广良甜 27 号在广东地区春播生育期约 78 天、秋播约 73 天；植株壮旺，雄花粗壮，株高 220～240 厘米，穗位高 70～80 厘米；苞叶浓绿，单苞重可达 500 克；穗长约 20 厘米、穗粗约 5.3 厘米，穗行数 14～16；籽粒鲜黄色有光泽，排列整齐；品质好、适应性好、抗病性强；平均亩产鲜苞 1 220 千克，比对照增产 22.79%。

广良甜 27 号在选育过程中创造性地引入热带甜玉米种质资源，对当时甜玉米品种进行了大幅度改良，首次解决了市场上甜玉米品种高产不优质、优质不高产的痛点问题；同时兼顾产量、品质与抗性，通过群体的轮回改良，成功选育出这个优质、高产、广适、多抗的甜玉米杂交种，使得该品种更加具有市场竞争优势。该品种从 2012 年开始，在广东省甜玉米主产区惠州、清远、茂名、肇庆、汕头、韶关和湛江等地试种，一经推广就逐渐成为广东省、华南地区乃至其他产区的高效益主栽品种，推广面积逐年增加，并迅速形成规模化种植。目前，公司在广西、海南、江西、福建、安徽、上海、云南、四川和贵州等省份设立特约经销点和销售网点，品种种植区域扩大至广东省乃至全国各玉米种植区。至 2023 年底，广良甜 27 号已在全国推广累计超 700 万亩，2023年推广面积超 100 万亩。该品种的有效推广，优化了广东省及全国各地的甜玉米品种结构，降低了种植成本，农民收入稳定增加。另外，因其产量和品质提高，从而提升了产品的市场竞争力，有力促进了我国甜玉米产业的可持续发展，取得了显著的社会和经济效益。

5. 农科糯 336

农科糯 336 是由北京市农林科学院玉米研究所选育的高叶酸甜加糯营养强化型鲜食玉米品种，于 2020 年通过国家四大生态区审定。农科糯 336 同一果穗上具有甜、糯两种籽粒，且甜、糯粒数目之比约为 1∶3，形成以糯为主、糯中带甜的特殊品质；同时强化了高叶酸营养，籽粒叶酸含量可达 300 微克/100 克（鲜籽粒）以上，既好吃又有营养，并且好种好管，可在北至黑龙江、南至海南岛，以及云贵川等广大地区种植，是目前审定区域最多、覆盖范围最广的甜加糯玉米品种之一。得到众多企业和农户检验和认可，更被业界专家和消费者赞誉为"最好吃的玉米"。

自审定以来，农科糯 336 已累计示范推广 600 万亩以上，2023 年推广 260万亩，成为我国上升势头迅猛的玉米主导品种。亩产值平均 4 000 元以上，最高可达 10 000 元，成为京郊及我国农民增收致富的主要玉米品种，在助力我国乡村振兴、农业提质增效、农民增产增收方面发挥了重要科技支撑作用，引领了我国鲜食玉米产业发展新方向。

农科糯 336 因优异的品种表现、产生的显著经济社会效益和重要支撑引领作用，入选"2021 中国农业农村重大新产品"，并多次被中国种子协会评为"全国优秀甜加糯玉米品种"；2023 年入选农业农村部农业主导品种，是入选品种中唯一鲜食糯玉米品种。

6. 天贵糯 932

天贵糯 932 是南宁市桂福园农业有限公司育成的彩甜糯型鲜食玉米新品种，2017 年通过广西审定，2018 年通过国家东南区、西南区审定，同年获植物新品种保护权，2019 年通过天津、山东审定，2020 年引种至北京、2023 年引种至河南。

天贵糯 932 适应性广，全国鲜食玉米种植区域均可种植，亩种植密度 3 000～3 200 株，筒形果穗，单穗重 400～550 克，籽粒甜糯比为 1：3，颜色紫白相间。2016 年起陆续参加各地鲜食玉米专业展示并多次获最佳风味、最佳产量奖等荣誉，以产量稳、品质优的优点迅速成为种植户及消费者的新宠。特别是天贵糯 932 具有甜糯爽口、脆皮无渣、玉米味香浓等优势，相对于当时市场主流产品，品质大幅提升，深受消费者喜欢，提高了消费者的消费频次及复购率，促进了消费市场的增长，为鲜食玉米产业发展起到了积极的推动作用。

天贵糯 932 自 2017 年通过审定后，迅速在全国鲜食玉米产区推广，在山东、河北、河南、北京、长江以南地区，以及我国台湾地区大面积种植，目前已经占台湾鲜食玉米 50％以上的市场。天贵糯 932 实现出口，在泰国等东南亚地区有较大面积种植。2023 年，天贵糯 932 推广面积超过 120 万亩，累计推广超过 400 万亩，已经成为我国彩甜糯型鲜食玉米销售量最大的品种。

7. 京科甜 608

京科甜 608 是由北京市农林科学院玉米研究所选育的高端水果加工兼用型甜玉米品种，于 2018 年通过国家审定，2020 年通过北京市审定。高产优质，单果穗鲜重达 500 克，果穗均匀；籽粒亮黄有光泽，结实饱满，出籽率高，商品性好，商品穗率在 90％以上；抗病抗逆性强，适应性广；糖度高，口感甜脆爽口、皮薄无渣，采收期长、货架期长，适宜鲜食及加工。获得 2020 中国北京鲜食玉米大会"全国十大优秀甜玉米品种"、2022 年第八届成都种业博览会（春季）"推荐品种"等。

京科甜 608 在北京低收入村、首都都市圈和北京对口支援合作地区均有大面积推广应用，2016—2019 年，在北京 16 个低收入村累计带动农户 240 多户，总增收 40 余万元。京科甜 608 在武清区年种植面积在 3 万亩以上，占该区甜玉米种植面积的 20％。在内蒙古赤峰市、通辽市每年种植面积 5 万亩以上，带动当地农户增收效益显著。京科甜 608 已累计推广 100 万亩以上，2023 年推广应用 20 万亩以上。京科甜 608 在品质上达到甚至超过国际最优品种，在品种适应性和抗性等方面更具优势，打破了国际甜玉米种业巨头对我国甜玉米市场的垄断，满足了市场多元化需求。

8. 申科甜 811

申科甜 811 是由上海市农业科学院选育的鲜食甜玉米品种，2021 年通过上海市审定，2022 年通过河北省审定，2023 年通过国家审定。同时通过安徽、江苏、浙江、广东、福建等省份引种，并大面积推广应用。申科甜 811 籽粒黄色，鲜食口感甜脆，果皮薄、渣滓少，综合性状优良。荣获 2023 年第九届中国（武清）北方鲜食玉米大会"优秀品种奖"、2022 年中国（京津冀）鲜食玉米大会"十佳甜玉米品种"等荣誉。2023 年入选农业农村部农业主导品种，也是唯一入选的甜玉米品种。

五、主要生产省份

我国鲜食玉米种植区域广泛。云南、广东、广西、海南、四川等地是南方鲜食玉米种植主要区域，黑龙江、吉林、河北、内蒙古等地是北方种植主要区域，江苏、浙江、湖北等地是中部种植主要区域。

1. 云南省

云南是全国乃至全球少有的低纬高原玉米种植区，有得天独厚的气候优势，临近热带海洋，水汽充足，复种指数高，形成鲜食玉米全年供应链条，也是我国四大优势玉米产区之一。云南鲜食玉米产业经过多年的快速发展，目前已成为全国最大的鲜食玉米生产省份，全省各地均有种植鲜食玉米。云南常年种植面积约 300 万亩（含复种），其中甜玉米约 200 万亩，是我国双色（黄白）甜玉米主要产区，产量占全国市场近 80%，也是冬季甜玉米市场主要供应基地之一；糯玉米约 100 万亩。据不完全统计，2022 年，云南省鲜食玉米单季规模达 123.01 万亩，产量 153.76 万吨。其中，昆明鲜食玉米种植面积约 13.59 万亩，占全省的 9.1%；产量 19.97 万吨，占全省的 12.99%；元谋县鲜食玉米种植面积达 6 万亩，产量约 8.5 万吨，产值约 3.1 亿元。

目前，云南鲜食玉米已形成冬春季节以德宏州芒市为主，楚雄元谋、西双版纳勐腊、临沧孟定为辅，夏秋季节以玉溪通海、昆明宜良为主，红河个旧和蒙自、文山砚山为辅的供货模式。收购季节，大批收购商到芒市、元谋、勐腊、孟定、宜良等地收购鲜食玉米，冬季芒市黄白粒甜玉米占全国黄白粒鲜食甜玉米市场的 80%以上，产品销往广州、佛山、成都、北京、郑州等地。黄甜泰系玉米、花甜糯、白糯类型近几年也随着海南产业调整，逐步向云南各个产区转移，冬春各类型玉米占到冬季市场供应的 70% 以上。产品销往北京、成都、西安及苏浙沪等地。

2. 广东省

广东是我国鲜食玉米种植最早的省份之一，甜玉米高峰期种植面积近 400 万亩。近年来，由于成本高、行情不稳造成效益不如其他经济作物等因素，广东省鲜食玉米产业向福建、江西等省份转移，全省鲜食玉米种植面积有所下降。最新数据显示，广东鲜食玉米种植面积为约 260 万亩，其中甜玉米约 200 万亩。湛江、惠州两市的甜玉米种植面积约占全省总面积的 50%。湛江从 1998 年就开始规模化种植甜玉米，目前全市鲜食玉米年种植面积为 70 万亩，种植面积和产量均位列全省第一。鲜食玉米已经成为广东最重要的冬种北运农产品之一，广泛销往北京、上海、湖北、四川、湖南、浙江等地。

3. 吉林省

吉林是全国鲜食玉米开发最早的省份，也是鲜食玉米规模化、工业化程度最高的省份之一，全国首家速冻糯玉米生产企业、首家甜玉米罐头生产企业都来自吉林省。先后涌现出"东北农嫂""嘉美""陆路雪"等一批产业化龙头企业和品牌。截至 2021 年底，吉林省鲜食玉米种植面积达 238 万亩，全省鲜食玉米企业达到 104 家，认证的绿色食品玉米企业已达到 32 家，产品 51 个。2021 年，全省鲜食玉米总产值达到 32 亿元，比 2019 年翻了一番，仅甜玉米深加工年产量就达 20 000 吨。2023 年，公主岭市鲜食玉米种植面积突破 10 万亩，可生产鲜食玉米 4 亿穗以上，产值 14 亿元。

4. 黑龙江省

黑龙江省具有宝贵的黑土资源，鲜食玉米种植区域位于黄金生产带，品质优势明显。2021 年，全省鲜食玉米总种植面积 206 万亩，种植规模占全国 10%，较 2016 年增长近 5 倍。2022 年，黑龙江鲜食玉米种植面积达到 230 万亩，加工企业 110 家。糯玉米种植以绥化、哈尔滨等地为主，甜玉米集中在克山、克东、明水等地。其中，绥化市种植面积 101.4 万亩，占黑龙江鲜食玉米种植面积的近 1/2。齐齐哈尔种植鲜食玉米 32 万亩。近年来，黑龙江省鲜食玉米的种植面积提升较快，并且产业动作不断，2023 年 1 月，"中国鲜食玉米之都"授牌仪式暨齐齐哈尔鲜食玉米产业协会成立大会举行。2023 年 9 月 12 日，第 39 届中国鲜食玉米速冻果蔬大会暨青冈高质量发展大会在黑龙江省绥化市青冈县召开。

5. 江苏省

江苏是国内较早开展糯玉米育种研究的省份之一，育成的苏玉糯 1 号是我国首个国家级审定的糯玉米品种。江苏省鲜食玉米年种植面积约 150 万亩，形成以苏南和南通为中心的鲜食玉米产业带，并呈苏南、苏中向苏北拓展趋势。其中，糯玉米有约 100 万亩，主要分布在南通、盐城、南京、苏州、常州、镇江等地。甜加糯玉米约占总面积的 30%，甜玉米相对较少。

6. 河北省

河北省鲜食玉米面积在 120 万～150 万亩（含复种），以糯玉米为主，近年来甜玉米面积有所增加。主要分布在张家口、保定、唐山、邯郸、廊坊、沧州、石家庄、邢台等地。2022 年，张家口万全区鲜食玉米生产加工企业 20 家，种植基地 17.6 万亩，其中区内面积 8.35 万亩。邯郸市 2020 年鲜食玉米面积已达 20 万亩，近几年有所增长，其中成安县有大面积种植。河北省内有唐山鼎晨食品有限公司、张家口禾久农业开发集团有限公司、张家口穗康鲜食玉米开发有限公司、河北德力食品有限公司等多家鲜食玉米加工企业。

7. 广西壮族自治区

广西是我国鲜食玉米主产区之一，种植面积约 120 万亩，其中甜玉米约 50 万亩，糯玉米约 50 万亩，甜加糯玉米约 20 万亩。广西横州被誉为"中国甜玉米之乡"，广西兴安、合浦、忻城、金秀等地鲜食玉米产业快速发展。广西出台《关于加快推进广西现代特色农业高质量发展的指导意见》，提出把广西打造成为"中国南方鲜食玉米之都"为目标，全力推进鲜食玉米产业发展。广西糯玉米种质资源数量排名全国第一。

8. 四川省

四川作为我国农业适度规模化经营试点区和都市现代农业发展的先行者，鲜食玉米产业的发展有力地促进了农民增收、农业增效。据调研，四川全省鲜食玉米种植面积约 120 万亩。由传统的以糯玉米零星种植为主，逐渐走向以甜加糯玉米为主导的多元化规模种植。目前，甜加糯玉米已经占据市场主流，甜玉米也增加迅速，发展潜力较大。主要分布在成都平原、川南、川东北、攀西四大经济区。

9. 内蒙古

内蒙古近几年鲜食玉米种植面积逐渐上升，2018 年约为 80 万亩，目前已超过 100 万亩。仅在乌兰察布的 3 家加工厂年用种量就达 11 万千克，播种面积可达 20 万亩。2023 年 9 月 16 日，鄂尔多斯市准格尔旗村企联建甜加糯玉米加工项目一期投产暨二期开工仪式举行，项目全部建成后，可年产甜加糯玉米 1 亿穗。一些村庄如呼和浩特市玉泉区前八里庄村还举办了鲜食玉米丰收节，鲜食玉米产业在当地正蓬勃发展。

10. 浙江省

浙江鲜食玉米种植面积常年在 80 万亩左右，新型甜加糯玉米品种占有市场份额的 70% 以上、甜玉米、特色糯玉米占一小部分市场。在种植结构上，以春播为主，夏秋种植为辅，春玉米约占 60%，夏秋玉米约占 40%。先后育成了浙甜系列甜玉米、浙糯系列糯玉米等一批优良品种。甜玉米（主要是黄白粒）种植区主要集中在金华、丽水、温州、杭州的萧山和建德、宁波的余姚等地，甜加糯型玉米主要集中在杭州、嘉兴、湖州、宁波、绍兴、衢州等地。

11. 其他省份

(1) 湖北　湖北鲜食玉米种植面积近年在 70 万亩以上，并有继续扩大趋势。除武汉种植约 17 万亩鲜食玉米外，黄冈、仙桃等市都在大力发展鲜食玉米产业。武汉经开区（汉南区）地处武汉西南郊，有着"中国甜玉米之乡"的美誉，种植鲜食甜玉米有 30 年的历史，连片设施种植面积达 6 万余亩。

(2) 重庆　重庆鲜食玉米种植面积接近 60 万亩，产量达 45 万吨，产值近 10 亿元，形成了"糯玉米为主，甜玉米为辅"的格局，已在潼南、綦江、奉节、酉阳等地区发展了鲜食玉米生产基地。

(3) 海南　据海南省农业农村厅数据，海南省鲜食玉米实际种植面积突破 50 万亩（含复种面积），已成为 1—3 月供应冬春季鲜食玉米的重要来源地，产业化发展潜力大。东方、乐东等地大力发展鲜食玉米产业，促进当地农业产业结构调整，实现农业增效、农民增收。2022 年以来，海南省启动农作物商业化育种试点项目，支持海南鲜食玉米重点企业，加强品种培育推广，探索建立海南农作物商业化育种机制。

(4) 福建　福建省鲜食玉米种植面积近 60 万亩，并成为建瓯、永安、屏南、漳浦等县（市）的特色产业。其中，建瓯是福建全省种植面积最大的县级产区，鲜食玉米种植面积 12 万亩，年产量 15 万吨，年产值近 6 亿元，亩均收益 2 400 元。

(5) 安徽　安徽鲜食玉米年种植面积超过 40 万亩，其中加工专用型品种 8 万~10 万亩。芜湖无为市是安徽省鲜食玉米主产区之一，早在 20 世纪 90 年代就开始了鲜食玉米的规模化种植，并催生了多家从"放种"到"收购"的专业合作社。2017—2022 年，安徽省玉米产业技术体系组织成员单位结合县域特色开发地理标志产品（高叶酸、富花青素、低淀粉回生值等），在黄山市（黟县）、池州市（贵池区）、亳州市（蒙城县）和宿州市（埇桥区）建立了 4 家现代化鲜食玉米加工生产线，年产 9 000 万穗。

（6）新疆　新疆鲜食玉米种植面积约 30 万亩，北疆种植区域主要分布在乌鲁木齐周边及昌吉、博乐、塔城、额敏等地，以规模化种植、速冻加工销售为主；南疆种植区域主要分布在图木舒克、巴楚、疏勒周边，主要以鲜售批发为主。鲜食玉米品种类型主要以纯糯玉米为主，白糯玉米品种所占比例较高。甜玉米品种种植面积较小，以纯黄和黄白双色为主，纯白色类型少。加工产品主要以糯玉米整穗速冻、真空包装加工为主，其中速冻加工产品占到 70%～80%，近两年有向真空包装加工倾斜的趋势。

（7）辽宁　辽宁省鲜食玉米种植面积约 20 万亩，主要集中在沈阳、大连、阜新、辽阳等地。其中，大连市甜玉米种植品种以双色系列为主。

（8）北京　北京鲜食玉米种植面积已达到 5 万亩以上，并且面积还在持续上升，主要分布在房山、延庆、通州、顺义等地。从科技资源来看，北京是全国鲜食玉米科研育种创新高地，集聚了中国农业科学院、中国农业大学、北京市农林科学院等国内一流的鲜食玉米育种团队，以及北京华奥农科玉育种开发有限责任公司、北京中农斯达科技开发有限公司、北京四海种业有限责任公司等多家鲜食玉米头部企业。可以说全国每卖出 10 根玉米，就有 3 根是北京选育的品种。

六、代表性种植基地

近年来为了进一步推动鲜食玉米产业发展，提升区域农产品的品牌价值和市场竞争力，各地不断加码，政府推动、企业带动、政策联动，鲜食玉米基地和品牌建设成效显现。代表性种植生产基地以县域（包括县、县级市和市辖区）为基础，综合考虑基地种植面积、种植类型及地区、品牌知名度等。以下列出了全国不同地区具有代表性的一部分鲜食玉米种植基地进行介绍。

1. 海南省东方市：超 25 万亩

海南省鲜食玉米种植面积突破 50 万亩（含复种面积），已成为 1—3 月供应冬春季节鲜食玉米的重要来源地。东方市是海南最大的鲜食玉米生产基地，自 21 世纪初开始引入甜玉米种植后，东方甜玉米因品质好、市场需求大，逐渐发展成为东方的"甜蜜产业"，许多脱贫致富的"玉米村"相继涌现。目前，东方鲜食玉米种植面积占全省一半以上，超过 25 万亩，种植类型也不再局限于甜玉米，糯玉米和甜加糯型玉米份额逐渐上升。上市时间主要在 12 月至翌年 5 月上旬，上市旺季集中在 1—4 月。

2. 广西壮族自治区横州市：25 万亩

横州市被誉为"中国甜玉米之乡"，是我国西南地区最大的甜玉米生产加工基地。作为甜玉米最早的产地，横州市种植甜玉米最早可追溯到 1984 年。近年来，横州市不断调整农业产业结构，当地甜玉米种植面积迅速扩大，甜玉米产业一直保持在年播种面积 25 万亩左右、年产鲜果穗 27 万吨左右、年产值 8 亿元以上的规模，稳居西南地区县级市第一和全国前列。与此同时，横州市还构建起甜玉米电商渠道，创新形成了"甜玉米电商销售横州模式"。"横县甜玉米"获国家农产品地理标志认证；由横州市农业技术推广站申请的"横县甜玉米"也获得国家知识产权局颁发的商标注册证，成功注册为地理标志证明商标。横州市也因此获得了"国家级出口食品农产品质量安全示范区""推动甜玉米发展突出贡献奖""鲜食玉米良种示范重点"等荣誉称号。

3. 广东省徐闻县：22 万亩

广东省湛江市是我国甜玉米主产区，也是冬种鲜食玉米面积最大的种植区之一。徐闻县甜玉米种植面积约 22 万亩，除鲜穗外，还有笋玉米和初加工鲜食玉米等产品，徐闻县甜玉米种销中心成为粤琼桂的主要甜玉米集散地，农业贸易活跃。湛江市徐闻县玉米产业园获批 2022 年省级现代农业产业园，目前正在积极推进建设。迈陈镇作为徐闻县鲜食玉米种植大镇，已经形成 6.7 万亩的种植规模。2020 年，迈陈镇（玉米）被认定为广东省"一村一品、一镇一业"专业镇。

4. 河北省张家口市万全区：17.6 万亩

张家口市万全区是集研发、种植、加工为一体的全国鲜食玉米主要产区之一。2006 年，万全区获"中国鲜食玉米之乡"称号；2012 年，万全区被认定为"国家级出口鲜食玉米质量安全示范区"；2020 年，"万全糯玉米"地理商标完成注册；2022 年，"万全糯玉米"成功入选农业农村部"2022 年农业品牌精品培育计划"。万全区着力打造鲜食玉米特色产业集群，区内有华穗种业等种业企业，培育出"彩糯 1 号""万糯 2000"等鲜食玉米品种，在国内享有盛誉。全区有穗康、天勤、禾久等鲜食玉米加工企业 20 家。2022 年，企业以万全区为核心区，发展鲜食玉米种植基地 17.6 万亩，其中区内基地面积 8.35 万亩；鲜食玉米全年加工量达到 6.4 亿穗，预计产值突破 10 亿元。

5. 黑龙江省青冈县：17 万亩

绥化市被中国粮食协会授以"中国鲜食玉米之乡"称号。主打品牌"绥化鲜食玉米"种植面积突破 100 万亩，占全国的 1/25，生产加工企业近百家。"绥化鲜食玉米"地理标志品牌价值达到了 39.31 亿元，已连续多年入选全国地理标志区域品牌百强。绥化市青冈县是"国家级鲜食玉米种植与加工标准化示范区"，"青冈玉米"率先打造成为我国鲜食玉米区域公用品牌。目前，青冈鲜食玉米基地种植面积达 17 万亩，年产鲜食玉米 4 亿穗以上，种植鲜食玉米的经营主体发展到 38 家，并与黑龙江八一农垦大学共同成立了黑龙江省鲜食玉米品质提升产业技术研究院。同时，成立了青冈鲜食玉米协会，抱团发展。近年来，青冈县委、县政府高度重视鲜食玉米产业发展，围绕"1＋2＋N"现代产业体系建设，打造鲜食玉米全产业链发展。2023 年，全县加工企业已发展到 23 家，实现年产值 6 亿元以上，注册鲜食玉米商标 30 余个，青冈鲜食玉米产业呈现出强劲的发展势头。

6. 云南省芒市：超 15 万亩

芒市是全国最大的冬季鲜食玉米生产基地之一，每年 11 月至翌年 5 月，是芒市鲜食玉米产销旺季。2002 年，芒市引进试种鲜食玉米获得成功，此后，鲜食玉米面积、产量、产值得到大幅提升，种植品种也由单一向多元化发展。特别是 2010 年以来，每年种植规模稳定在 8 万～10 万亩。2023 年，芒市鲜食玉米种植面积超过 15 万亩，产值超过 6 亿元，1.8 万种植户平均每户年增收近 3.3 万元。"大春"种植水稻确保粮食安全，"小春"种植两季鲜食玉米增加农户收入，通过水旱轮作，还可以有效控制病虫害。不仅如此，随着鲜食玉米热销，还带动了芒市青贮饲料、冷藏保鲜、电商物流、包装加工等相关产业的发展。

7. 福建省建瓯市：15 万亩

福建省是我国最早发展甜玉米种植的省份之一，对全国鲜食玉米生产有着突出贡献。福建鲜食玉米种子供种量占全国 10%～15%，其中水果玉米供种量在全国占较高比例。南平建瓯市是福建省最大的鲜食玉米主产区，年种植面积约 15 万亩，具有连片的鲜食玉米种植地，能实现工厂化育苗和精准种植，积累了许多鲜食玉米种植经验，有效推动了当地鲜食玉米生产。

8. 吉林省公主岭市：10万亩

公主岭市地处松辽平原腹地，是世界三大玉米黄金带之一，也是玉米黄金带中的黄金带，优良的自然环境为鲜食玉米产业崛起注入了底气。目前，公主岭市鲜食玉米种植面积突破10万亩，预计年生产鲜食玉米4亿穗以上，产值14亿元，带动农民增收2 000万元以上。目前，公主岭市已形成以农嫂、德乐、祥裕、吉农绿色等规模品牌企业为支撑的鲜食玉米产业集群，产品远销美国、法国等16个国家和地区。

9. 天津市武清区：10万亩

武清区地处天津东南部，京杭大运河纵贯南北，是京津冀重要的商品集散中心和农产品加工基地。2023年，武清全区鲜食玉米种植面积在10万亩左右，年产鲜食玉米2亿穗，直接经济价值超过1亿元。武清区用打造全国鲜食玉米大会品牌、全国范围甄选品种、优秀品种当地种植基地示范推广等方式不断创新发展产业。武清区陈咀镇近年来更因鲜食玉米远近闻名，陈咀镇全镇共有耕地面积近6.3万亩，其中优质鲜食玉米种植面积超过2万亩。

10. 山西省五寨县：6.5万亩

忻州是山西省鲜食玉米生产起步最早，发展速度最快，种植规模最大的地区。其中，忻州五寨县被中国粮食行业协会命名为"中国甜糯玉米之乡"，山西省政府确定五寨县为"一县一业"甜糯玉米示范基地县、特色农产品优势县。2023年，五寨县鲜食玉米种植面积6.5万亩，有5家大型糯玉米加工企业，正马力全开保生产，日加工量超过30 000穗。

11. 湖北省武汉市汉南区：6万亩

汉南区是全国鲜食甜玉米综合生产标准示范区，连片种植鲜食玉米6万亩。种植的玉米包括甜、糯、彩等三大系列近百个品种。其中，甜玉米品种多达20多个。2012年，汉南甜玉米获批"国家地理标志保护产品"，汉南区也被誉为"中国甜玉米之乡"。汉南区是全国品种最全的连片玉米种植基地之一，近年来，汉南区甜玉米年产值均超过1.2亿元，带动周边每户农民平均增收1.6万余元，甜玉米成为农民增收致富的重要农产品。

12. 内蒙古自治区五原县：4.5万亩

五原县位于河套平原腹地，是"八百里河套米粮川"的核心地带，是国家级农产品主产区、全国重要商品粮生产基地。近年来，五原县依托"黄金农业种植带"优势，以龙头企业为引领，积极打造县域优质鲜食玉米品牌。全县年种植鲜食玉米 4.5 万亩，年产果穗约 1.2 亿穗，年产值约 5 亿元，培育种植加工企业 8 家。依托"傻小胖""加农炮"等加工企业，五原县形成以大丰粮油为代表的鲜食玉米产业集群，实现全国直抽真空玉米产量第一，被授予"全国真空玉米产业集群示范区"，构建起鲜食玉米产业体系、生产体系和经营体系。

七、主要加工企业

鲜食玉米契合"大食物观"，多种加工品共存，具有巨大发展潜力。特别是近年来随着电商物流发展，鲜食玉米加工企业蓬勃发展，同时带动了鲜食玉米四季种植，周年供应，鲜食玉米产业链逐步完善并扩大。我国鲜食玉米加工企业主要分布在河北、黑龙江、吉林、内蒙古、辽宁等地，加工规模比较大的企业主要有：河北德力食品有限公司、河北鼎晨农业集团有限公司、张家口穗康鲜食玉米开发有限公司、黑龙江大董黑土地农业有限公司、黑龙江北纬四十七绿色有机食品有限公司、吉林省农嫂食品有限公司、十月稻田集团股份有限公司、吉美食品（辽宁）有限公司、开原川顺食品加工有限公司、五原县大丰粮油食品有限责任公司、甘肃黄羊河集团食品有限公司、忻州市天绿源食品有限公司等。综合考虑企业加工规模、地理区域、加工产品类型等，选取各省市部分代表性加工企业进行介绍。

1. 河北德力食品有限公司

河北德力食品有限公司创建于 1991 年，位于河北省保定市，集鲜食玉米及果蔬种植、加工、储藏、冷链物流、销售于一体，是有着 30 年鲜食玉米加工经验的龙头企业代表，是中国农产品加工行业的领军企业。

公司投资建设的河北世际德力食品有限公司于 2019 年注册成立，建有大型国际化生产加工车间及现代化自动冷库、领先技术的生产线多条，全自动子母车立体库位系统，年生产及冷链物流配送能力 10 万吨。德力甜糯玉米入选国家现代农业全产业链标准化示范基地建设，其"公司＋专业合作组织＋农户＋基地＋标准化管理"的农业产业化运作模式，12 万亩的鲜食玉米种植基地及农户采取的"统一农资供应、统一技术指导、统一生产管理、统一质量检测、统一加工销售"五统一管理方式，构建了从农田到餐桌的双向全程质量追溯体系。

主营"世际德力""德力""帝王宴"三大品牌系列产品，主要产品有特色糯玉米系列、甜玉米系列、净菜系列、果品系列等几十个品种。产品主要销往日韩、欧美、澳大利亚、加拿大、东南亚、中东等 50 多个国家和地区以及国内各地。

2. 河北鼎晨农业集团有限公司

河北鼎晨农业集团有限公司创建于 2005 年，位于河北省唐山市，是一家集种子经营、订单农业、速冻加工、冷冻仓储、农产品市场于一体的自营出口创汇型企业集团，主营产品是速冻甜玉米粒、青豌豆等。

公司坚持"公司＋基地＋农户"的农业产业化运营模式，实行"种子、农药、化肥、管理、采收"五统一的基地可追溯管理体系，现有种植基地 12 万亩，辐射安徽、湖南，湖北、内蒙古及东北等地，唐山则遍及开平、丰南、丰润、乐亭、滦州等地，总共带动了 2 万余农户进行农业种植。公司建有 15 000 米^2 低温冷藏库、3 000 米^2 高温气调库以及 3 500 米^2 现代化生产车间，具备日加工速冻果蔬 300 吨的生产能力，先后通过了 ISO 9000、ISO 22000 管理体系和 HACCP 体系认证。目前，河北鼎晨农业集团有限公司已发展成为农业产业化国家重点龙头企业、全国鲜食玉米产业联盟主席单位、中国驰名商标企业、北京 2022 年冬奥会和冬残奥会供应保障单位。产品远销欧美、中东、东南亚等 20 多个国家和地区，国内市场销售已形成覆盖全国范围的联动网络，包括东北三省、北京、上海、湖南、福建、广东、四川等地，稳定供应湾仔码头、三全、思念、双汇、金锣等食品企业。

3. 张家口穗康鲜食玉米开发有限责任公司

张家口穗康鲜食玉米开发有限责任公司创建于 1999 年，位于河北省张家口市万全区，是一家从事甜糯鲜食玉米、青毛豆开发生产，并具进出口资格的民营股份制企业，是万全区鲜食玉米产业的龙头企业之一。

目前，公司玉米种植基地规模达 5 万亩，下设 8 个加工厂，年加工能力达 1.5 亿穗，年销售收入超 2.5 亿元，采取"基地＋农户＋公司"的合作模式，可带动基地农民增收 1 000 万元以上。公司于 2019 年开始发力线上销售，已成为拼多多鲜食玉米电商头部品牌。穗康产品先后被评为"全国质量信得过产品""河北省优质产品"等，获得"河北省著名商标"等荣誉，产品连续被选定为全国"两会"的特约食品。

4. 黑龙江大董黑土地农业有限公司

黑龙江大董黑土地农业有限公司建立于 2013 年，位于黑龙江省绥化市青冈县，是一家以鲜食玉米深加工为主的大型综合农业产业化民营企业，是目前黑龙江省生产规模、生产设备、技术工艺最先进的速冻鲜食玉米、速冻果蔬产品加工企业之一。主要产品是速冻黄糯玉米、速冻白糯玉米、真空黑糯玉米、真空黄糯玉米、真空彩糯玉米、真空水果玉米等。

2023 年，公司的"大董占和"品牌拥有超 3 万亩鲜食玉米有机种植基地，生产鲜食玉米 6 000 万穗，销售额可达到 9 000 万元。公司目前累计投资 4.8 亿元，一、二期冷库产品储存量达 4 万吨。年设计生产速冻玉米 1 亿穗，2022 年产能已达 7 500 万穗。现有数字化车间 2 个，自动化生产线 7 条，扒皮机 11 台，全自动速冻隧道线 2 条。公司先后被评为黑龙江省一二三产融合示范项目单位、农业产业化省市级重点龙头企业、黑龙江省最具影响力品牌、全国鲜食玉米产业加工三十强、全国先进加工企业、全国鲜食玉米加工示范企业。获得质量管理体系认证证书（ISO 9001：2015）和食品安全管理体系认证证书（ISO 22000：2018）。"大董占和"品牌系列农产品，全部通过国家绿色食品或有机食品认证，畅销北上广深、长三角、两湖、黑吉辽等地的各大商超、高端市场。

5. 黑龙江北纬四十七绿色有机食品有限公司

黑龙江北纬四十七绿色有机食品有限公司于 2021 年成立，位于黑龙江省齐齐哈尔市，依托珍稀的黑土地资源，通过产业创新、技术输出、模式推广，以及推动从种植、生产加工到产品质量等全方位行业和国家标准的制定，打造中国"北纬 47°"名片和领导品牌，推动了鲜食玉米行业高端化。

公司拥有先进的自动杀菌鲜食玉米加工生产线，凭借高度智能化和规模化生产技术，年加工鲜食玉米 5 亿穗、玉米粒 1.8 万吨，可实现年产值 16 亿元，是中国鲜食玉米龙头加工企业的代表。2023 年，公司种植鲜食玉米面积超 25 万亩，为农民提供就业岗位 4 500 个，可带动增收约 6 000 万元。"北纬 47°鲜食玉米"项目依托黑土优品经济效益，带动周边约 60 万亩土地的标准化农业生产，也催生了北纬 47°网红孵化培训班、北纬 47°直播电商节等新业态，带动上下游近数十家城乡企业增收。2023 年，为提升鲜食玉米产品的附加价值，公司投入大量精力研发玉米衍生品，玉米酪系列产品于 7 月已正式投产并销售，玉米杯产品也在 10 月上市，获得众多消费者的喜爱。同时，公司还在齐齐哈尔新建了酵素植物乳工厂，其生产的玉米汁、植物基酵素乳等系列饮品于 2024 年上市销售。

6. 吉林省农嫂食品有限公司

吉林省农嫂食品有限公司成立于 2012 年，位于吉林省长春市公主岭市，是以鲜食玉米加工制品为主要产品，集研、种、产、销于一体的全产业链食品生产企业。"东北农嫂"品牌产品已入驻十多个主流电商平台，并在多个电商平台的玉米类目产品中销量排名稳居第一。

公司现拥有两条生产线，每天最大产能可达到 30 万袋，两座现代化鲜食玉米加工厂，年生产加工能力可达 8 万吨。在东北三省拥有总面积 2 万多亩的 16 个种植基地，年产量达 2.5 万吨，产品覆盖国内 20 多个省份，并远销日本、韩国、俄罗斯、德国等 16 个国家和地区，已成为国内最大的真空保鲜玉米生产厂家之一。技术创新方面，公司建立了 3 800 米² 的玉米食品工程研究中心，针对鲜食玉米品种研发，玉米、果蔬类新产品生产工艺创新等方面进行技术攻关。委托吉林省农业科学院玉米研究所对品种选育进行全面技术把关，并与吉林省粮储局合作共建吉林省中高端鲜食玉米品种试验示范基地，引进国内外中高端鲜食玉米品种 200 多个。另外，还与先正达公司合作，共建 MAP beSide 品控溯源鲜食玉米数字化产业基地，实现鲜食玉米产业的标准化与全程可追溯。作为吉林省鲜食玉米加工企业代表，吉林省农嫂食品有限公司也在充分发挥领头雁作用，目前带动速冻鲜食玉米企业 22 家，实现产业集群集约化发展，并与 3 000 多个农户签订种植合同，带动农民增收致富，年解决 1 000 余人就业。

7. 十月稻田集团股份有限公司

十月稻田集团股份有限公司位于辽宁省沈阳市新民市，是辽宁省首家"独角兽企业"，是中国领先且快速增长的厨房主食食品企业。2023 年 10 月 12 日，公司在港交所正式挂牌上市。玉米品类是十月稻田近期市场表现突出的品类之一。根据弗若斯特沙利文数据，截至 2024 年 3 月，十月稻田玉米品类全国销量领先。

公司此次抓住玉米赛道大趋势，快速布局，在生产、仓储、销售等各环节发力。投入数亿元建工厂、建冷库、增添现代化设备；渠道方面，坚持线上线下一体化战略，全渠道深耕；在玉米品类布局上，拥有包括玉米棒、玉米段、玉米粒、爆米花玉米粒等 8 个品类，规格多样、产品多元。同时，公司也在玉米产品包装上做出优化升级，采用避光防透氧的金装铝膜，真空锁住"香""鲜"，便捷包装，加强了消费者对"十月稻田香香香"的切身体验。十月稻田玉米产品上线后，从兴趣电商入手，围绕直播、基于内容进行线上"种草"，已与 2 万多名 KOL、KOC* 达成过合作，实现了玉米产品口碑的快速传播。2024 年春节期间，十月稻田黄糯玉米产品登上了抖音年货节好物商品榜 TOP20，声誉销量双丰收。十月稻田集团于 2019 年开始在新民市兴隆堡镇投资建设十月稻田产业园项目，2023 年产业园三期项目正式启动，该项目占地 230 亩，计划建设建筑面积 27 000 米² 的鲜食玉米车间一栋，冷库、冷藏库等其他附属设施若干。整体建成后年加工鲜食玉米 2 亿穗，产值 6 亿元，安排就业 300 人。

8. 吉美食品（辽宁）有限公司

吉美食品（辽宁）有限公司位于辽宁省沈阳市，前身吉美农业技术有限公司成立于 1989 年，是吉林省率先开展中美合作甜玉米生产及加工的企业，也是全国率先从事生产、加工、销售真空软包装甜糯玉米穗、甜玉米罐头、豆类罐头、速冻甜玉米粒等产品的领军企业，也是甜玉米罐头国家标准的主起草单位。公司早在 1994 年取得美国食品药品监督管理局（FDA）注册，产品先后出口到美国、瑞典、丹麦、亚美尼亚、伊拉克、也门、韩国、日本、马来西亚，以及中国香港、台湾等几十个国家和地区。

吉美食品目前年生产各种甜玉米罐头、豆类罐头 11 000 吨，真空包装甜、糯玉米棒 2 000 万棒，年产速冻甜玉米粒 5 000 吨。拥有国内和国际上具有竞争力的"吉美""华粟""穗月流金""吉美神"系列品牌。该品牌的系列产品通过 ISO 22000、ISO 9001、HACCP 等食品安全管理体系认证。"吉美神"牌甜玉米罐头和豆类产品在牢牢占领国内高端市场的同时，在中端市场也逐渐增加市场份额，开发出符合市场的实销对路的经济型产品。另外，在国际市场上继续扩大市场份额，开发出符合欧美口味习惯的系列产品。吉美系列产品更是国内外同类产品中具有竞争力的国有品牌。

9. 开原川顺食品加工有限公司

开原川顺食品加工有限公司成立于 2008 年 10 月，位于辽宁省铁岭市，是一家以甜玉米、水果、蔬菜、裙带菜为主要原料的农产品精深加工企业。2018 年被评为国家高新科技企业。

公司占地面积 13 542 米²，建筑面积 12 000 米²，自建冷库面积 6 000 米²。

---

* KOL（Key Opinion Leader，关键意见领袖，他们是社交媒体上的明星人物，拥有大量的追随者和粉丝）、KOC（Key Opinion Consumer，关键意见消费者，他们通常是具有较高社交影响力和专业知识的普通消费者）。

拥有国外先进的速冻果蔬及甜玉米系列产品深加工生产线两条、裙带菜生产线一条、软包装罐头生产线一条、即食沙拉生产线一条。生产的速冻玉米粒供应国内多家中高端餐饮连锁企业，软包装甜玉米制品出口日本。先后通过了 ISO 9000 质量管理体系及 HACCP 食品安全管理体系认证。多年来一直实行"公司＋基地＋农户＋订单"的经营模式，拥有 10 000 亩甜玉米种植基地，所有基地按照 GAP 规范进行管理。

10. 五原县大丰粮油食品有限责任公司

五原县大丰粮油食品有限责任公司创始于 2009 年，位于内蒙古巴彦淖尔市，是一家集特色农产品研发、种植、加工、贸易于一体的综合性民营企业，年销售额突破 5 亿元。公司秉持"做中国鲜食玉米领导者"的初心，五原县大丰粮油精耕鲜食玉米领域，截至 2023 年，建立了 3 万亩自有种植基地，年产鲜玉米 1 亿穗，每 10 千米范围建一座加工厂，目前已建成 3 座工厂，占地面积 75 万 m^2。

"傻小胖"是五原县大丰粮油食品有限责任公司在 2020 年推出的鲜食玉米高端品牌，从创立之初就建立了集研发、种植、加工、销售及品牌运营于一体的玉米行业全产业链条。种植基地地处北纬 40°世界黄金种植带，凭借黄河自流灌溉，执行有机标准种植。从种子的研发筛选、精细化田间管理，再到玉米的采收、分级、加工、包装，充分发挥了种植端与生产加工的优势，形成一套自有的"1 小时锁鲜"生产工艺流程，引进进口包装和封装技术，使产品在 0 添加的基础上，常温保存 1 年以上，保证每一穗玉米都能新鲜饱满，每一穗都是高品质。

11. 甘肃黄羊河集团食品有限公司

甘肃黄羊河集团食品有限公司位于甘肃省武威市，1999 年成立，主要种植生产加工销售真空及速冻甜糯玉米、糯玉米糁及杂粮、速冻蔬菜、水煮菜等系列产品，一直致力于提升鲜食玉米品质，打响"黄羊河"玉米品牌。

2023 年，公司共种植鲜食玉米 2 万亩，带动务工 8 万余人次，公司生产总值达 7 600 万元。公司占地面积 10.32 万 m^2，建有标准化车间 9 000 m^2，标准化仓库 5 000 m^2，10 000 吨速冻冷藏库一座，附属配套设施 8 000 m^2，现有真空玉米、糯玉米糁及杂粮生产线各 2 条，速冻生产线 4 条。"黄羊河"玉米已走出甘肃，成为北上广等地餐桌上的佳品，还出口到日本、德国、英国等国家。"黄羊河"牌甜、糯玉米系列产品通过绿色食品、有机食品及出口食品卫生登记注册认证，现有绿色食品认证 6 项、有机产品认证 6 项，建成有机玉米基地 2 130 亩。产品先后获得中国国际有机食品博览会金奖、中国绿色食品畅销产品奖、中国驰名商标等荣誉称号。

12. 忻州市天绿源食品有限公司

忻州市位于山西省北中部、素有"中国杂粮之都"的美称，是糯玉米的黄金生长带。忻州市天绿源食品有限公司成立于 1995 年，是一家专业从事真空、速冻甜糯玉米生产及销售的企业，是忻州乃至全国鲜食玉米产业中最早的加工企业之一，也是"忻州糯玉米"地标和区域公用品牌签约用标企业。

公司主要产品是真空和速冻甜糯玉米等。加工厂区占地 84 亩，现有 3 600 米² 的独立仓储库房以及 3 000 吨库容的冷冻仓库，年加工真空和冷冻鲜糯玉米 2 000 万余穗。产品有"天飨""谷苞苞""玉米皇后"等系列十多个品种，产品远销北京、上海、广州、西安、南京、杭州、太原、呼和浩特等地及日本、韩国等国家，是山西省省级重点农业产业化龙头企业。公司实行基地化种植，目前自有种植基地达 5 000 余亩，"忻州糯玉米"于 2012 年被农业部批准为"地理标志农产品"。随着企业的发展壮大，目前成为山西省最大的糯玉米生产加工企业之一。

13. 广东宏安食品有限公司

广东宏安食品有限公司创建于 2000 年，位于广东省揭阳市，是一家集种植、生产、加工、销售为一体的综合性加工企业。

宏安食品是广东省重点农业龙头企业，拥有大型无污染甜玉米种植基地、竹笋基地及蜗牛养殖基地。"奥仕嘉"品牌创立于 2000 年，是宏安食品旗下专注于玉米产品的品牌，主要产品有速冻甜玉米棒、玉米粒、玉米汁等。产品严格执行 HACCP 国际食品标准控制体系与食品质量安全检测系统，充分保证整个供应链产品的品质和安全，并先后与肯德基、麦当劳、海底捞、亨氏、伊藤忠、吉野家等多家大型餐饮连锁达成战略合作协议。

14. 石林禾泽蔬菜速冻加工厂

石林禾泽蔬菜速冻加工厂成立于 2008 年，位于昆明市石林县，主要从事速冻甜玉米等种植、生产及销售，是云南省加工量最大的鲜食玉米加工厂之一。

公司拥有速冻蔬菜加工生产线，2 000 米³ 的低温冷藏库 2 座，年可加工速冻蔬菜 10 000 吨。公司于 2011 年 7 月在圭山镇及西街口镇等地认定绿色蔬菜种植基地 18 000 亩。其中，甜玉米种植基地 10 000 亩，带动了全县鲜食玉米的生产加工，形成了以石林为中心，辐射带动德宏州瑞丽、红河州弥勒和泸西、西双版纳等地甜玉米的种植。2015 年，"禾泽"牌甜玉米荣获云南名牌农产品称号，2018 年第 14 届昆明国际农业博览会上，"禾泽"牌速冻甜玉米获得十佳蔬菜品牌和云南名牌农产品称号，2020 年获得昆明市绿色食品"10 大名菜"称号。公司先后被评定为石林县优秀非公企业、昆明市农业产业化龙头企业、云南省龙头企业。

八、代表性流通商

鲜食玉米流通体系连接生产和消费，是稳定市场供给和促进农民增收的重要载体。在产业发展中，各地涌现出一批具代表性的鲜食玉米流通商，他们从种植到加工、销售，在促进产销衔接，服务鲜食玉米产业中发挥着排头兵的作用。

综合考虑流通量、流通区域、行业贡献等，以下选取各地部分具代表性的鲜食玉米流通商进行介绍。

1. 中国鲜食玉米流通行业联盟

中国鲜食玉米流通行业联盟于 2016 年成立，至 2023 年底联盟分会超过 100 家，成员发展至数千人，遍布全国鲜食玉米产地。牵头人杨宝剑自 2000 年进入鲜食玉米流通行业，随着产业的发展，其收购量越来越大，收购阵地从天津延伸到海南、云南、广西、湖北、山西、甘肃、内蒙古等地。2016 年，杨宝剑与来自全国 12 名流通行业人士牵头成立中国鲜食玉米流通行业联盟，为鲜食玉米产区和市场搭建桥梁，构建起实时高效的流通信息平台。长久以来，联盟为促进我国鲜食玉米行业更快、更好的发展作出了积极贡献。

2. 北京鑫跃昌盛农产品商贸有限公司

北京鑫跃昌盛农产品商贸有限公司目前建设有 19 700 亩的新发地乡村振兴鲜食玉米种植园，公司总经理李忠跃被称为"新发地市场玉米大王"。公司上游有稳定的货源和种植基地，下游有各级批发市场、商超和电商平台，平均每天在新发地市场销售 6 个货柜。李忠跃于 2001 年开始从事鲜食玉米行业，2006 年起推广京科糯 2000 等鲜食玉米品种，种植区域从南到北，覆盖广西合浦、柳州，海南乐东，四川攀枝花，云南西双版纳，内蒙古赤峰，吉林等地。通过多年的种植收购销售，带动各地种植户实现增产增收，同时也让消费者品尝到了好吃又高产的鲜食玉米。目前，北京鑫跃昌盛农产品商贸有限公司以

"科研单位＋农业科技园区＋批发市场"的生产流通模式，充分发挥各产地的区域优势，在乌兰察布凉城种植鲜食玉米 4 300 亩，承德围场 1 300 亩，大同市新荣区 1 700 亩，北京市延庆区 3 500 亩，秦皇岛昌黎 1 700 亩，沧州吴桥 2 200 亩，北京市大兴区 5 000 亩，共计 19 700 亩"新发地乡村振兴鲜食玉米种植园"，带动园区周边 2 760 人就近就业，为鲜食玉米产业发展贡献了力量。

3. 湖北誉隆祥农业有限公司

湖北誉隆祥农业有限公司目前建设有近万亩鲜食玉米基地，是"产-供-储-销"一体的产业集合体。公司董事长全波从事鲜食玉米种植与推广 25 年。公司地处素有"中国甜玉米之乡"的中国甜玉米地理标志原产地及核心产区——武汉市汉南区邓南街，以邓南街南庄村为中心共流转土地 5 900 亩。公司是武汉市农业产业化经营先进重点龙头企业。常年鲜食玉米种植面积约 5 700 亩，年生产新鲜甜玉米果穗 10 000 吨左右。2022 年 5 月，湖北誉隆祥农业有限公司在湖北省监利市流转土地 800 亩，新建标准冷库及分拣场地 3 000 米^2，完成公司布局的湖北鲜食玉米产业链从高海拔山区到平原城市的供给及中转链接。自主流转土地鲜食玉米面积达到 6 500 亩，合作托管面积约 3 000 亩。在中国（武汉）第八届农产品博览会上，公司生产的速冻玉米、鲜食花甜糯玉米首次参展并分别获得农产品金奖和特色农产品奖。公司注册有"三半居""蔬联""嘉玉户晓""嘉蔬·冬菜园""全氏小菜"等商标，生产的甜玉米、上海青、生菜、大白菜均已获得国家绿色食品认证，并已经完成食品安全管理体系 GB/T 22000（ISO 22000）认证。

4. 无为市财运农产品产销专业合作社

无为市财运农产品产销专业合作社理事长邓加才在安徽从事鲜食玉米行业近 30 年。1996 年，因偶然机会，邓加才了解到鲜食玉米从种植到销售的产业链流程、品种习性、抗性、区域分布等，并认识到京科糯 2000 这一糯玉米品种，自此开始在安徽发展鲜食玉米基地。此后，随着市场需求不断扩大，为了满足消费者的需求，满足市场全年供货，无为市财运农产品产销专业合作社扩大安徽鲜食玉米种植基地，并逐渐延伸到长三角，扩大至全国市场，发展了全国从南到北的基地，为鲜食玉米产业，尤其是安徽的鲜食玉米产业发展起到了明显的带动作用。

5. 云南洪驰农业发展有限公司

云南洪驰农业发展有限公司总经理黄先驰自 1998 年 10 月开始到云南德宏

州从事鲜食玉米供种、种植、收购、销售至今，曾获 2015 南方鲜食玉米产区优秀带头人、2016 全国鲜食玉米十佳流通商等荣誉称号。其公司是一家专门从事鲜食（甜、糯）玉米种植、收购、加工和销售为一体的民营企业，其前身为芒市先池蔬菜专业合作社，注册生产"德黄甜""先驰鲜""德黄傣金糯""德黄小糯""双色之星"等商标品牌产品，主要销往昆明、广州佛山、北京、黑龙江、辽宁、上海、武汉、成都等地，产品深受广大消费者好评，市场运作良好。通过"公司＋合作社＋基地＋科技＋农户"运作模式，公司每年收购农户鲜食（甜、糯）玉米 8 000 多吨，帮助就近农户解决了产品卖难的问题，有效推动了农民种植（甜、糯）玉米的积极性，为促进地方经济发展起到了积极的推动作用。

6. 宜良绿沙阳农业有限公司

宜良绿沙阳农业有限公司总经理钱开宏于 1996 年开始从事全国鲜食玉米鲜果穗流通，在云南宜良建设自有货场 2 个，并在鲜果穗主产区全年进行收购和市场流通，目前担任中国鲜食玉米速冻果蔬大会——鲜果穗经销商联合体副理事长。全国鲜食玉米经销商联合体主要销售区域有广东、广西、江苏、浙江、上海、北京、湖南、江西、云南、四川、重庆等地，也远销到国外，年流通量约 40 000 吨，带动了云南当地鲜食玉米种植面积的增加，保障种植户收入相对稳定，促进了鲜食玉米鲜果穗南方与北方的市场流通，加速了优质品种的市场应用，拓展了鲜食玉米鲜穗在全国的消费市场。

7. 天津市信丰农业科技有限公司

天津市信丰农业科技有限公司总经理肖军自 2014 年进入鲜食玉米行业，进行鲜食玉米基地种植、回收、市场销售一条龙服务。流通品种主要以彩甜糯玉米、白糯玉米、白甜糯玉米、双色水果玉米、泰系水果玉米为主。目前流通区域为广东、广西、海南、云南、福建、四川、湖北等地，发往天津、杭州、成都、武汉等主流市场。进入鲜食玉米流通行业以来，肖军坚持以诚信为本，以质量为先，以客户为中心，流通量也随之提高，高峰期时，流通量达到约 200 吨/天。目前，肖军为中国鲜食玉米流通行业联盟天津分会会长。长期以来，公司指导基地农户合理规划布局鲜食玉米品种，减少盲目种植，获得更高的收益，农户也因此对鲜食玉米种植更有积极性，更有信心，从而推动了行业发展。

8. 广西喜乐食品有限公司

广西喜乐食品有限公司董事长、横县鑫源果蔬种植专业合作社理事长黄忠钦是横州市（横县）最大鲜食玉米流通商之一。2011 年，黄忠钦在广西横州市石塘镇组织成立横县鑫源果蔬种植专业合作社，带动合作社全体成员种植销售甜玉米；2015 年组织电商团队把横县甜玉米销往全国各地，带动了 20 名贫困户脱贫摘帽，360 多名农户发家致富。2018 年，黄忠钦被评为广西鲜食甜玉米"十佳流通商"。2021 年，合作社的品牌"玉乡甜"成功列入广西农产品品牌目录。目前，该合作社已成为横州市最大的甜玉米电商销售企业，鲜食玉米每年流通 50 000 吨左右。近年来，在当地政府部门、科研院所的引导下，黄忠钦组织企业建设横县甜玉米绿色食品标准化生产基地，并于 2019 年成立广西喜乐食品有限公司。公司是一家以甜玉米深加工为主的广西特色企业，年深加工即食玉米 1 000 万根左右。2020 年，公司生产基地被列入自治区级甜玉米示范园。在其推动下，当地成功组织举办了第二、三届横县甜玉米丰收节，推动形成种子、农资、基地建设、甜玉米初加工和深加工、青贮玉米秸秆加工、销售全产业链的服务，对横州市甜玉米产业发展作出了积极贡献。

9. 海南省鑫玉优品农业有限公司

海南省鑫玉优品农业有限公司雷立军自 2008 年开始组织海南省乐东县九所镇农民种植京科糯 2000，初期种植规模 3 000 亩，经过多年的推广，结合当地政府政策的支持，不断扩大规模，带动了整个乐东县鲜食玉米种植发展，至今发展到一年种 3 季，种植规模 30 多万亩次，年均产出 1 200～1 500 千克/亩，带动整个乐东县鲜食玉米种植发展，当地居民通过多年来鲜食玉米种植，收入实现了翻倍增长，这期间返乡人员逐步增多。公司从 2008 年开始的鲜食玉米年均发货 1 500 吨，到现在年均发货 50 000 吨，整体发货量也实现了大的跨越，拉动了当地经济发展，也成就了其公司在鲜食玉米流通行业的地位。公司每年为海南省乐东县提供大量的工作岗位，为海南省乡村振兴贡献了力量。

10. 广西玉林亿农达种业有限公司

广西玉林亿农达种业有限公司总经理、中国鲜食玉米流通行业联盟广西分会会长黄启光从事鲜食玉米流通 20 多年，是最早开启海南糯玉米大面积种植与流通收购的流通商之一，也是南方特色鲜食玉米种植与收购规模量最大收购商之一。目前，公司年收鲜果穗 5 000 多吨，种子销售 10 万余千克，自建鲜穗冷链仓储、种子储备恒温库。基地覆盖海南、广东、广西、湖南、湖北、山西、云南、四川、重庆、河北等地。流通销售与电商平台销售覆盖国内部分大中城市。主营品种包括特色甜加糯玉米、高端白色水果甜玉米、泰系甜玉米等。公司推动了产业发展，也为市民餐桌提供了更多特色优质鲜食玉米。

11. 广东汕缘农业发展有限公司

广东汕缘农业发展有限公司总经理胡宗明于 1992 年在潮汕地区发展鲜食玉米种植，2006 年开始接触并推广运作京科糯 2000，高峰期年推广面积 10 余万亩。2010 年在潮州成立农丰果蔬专业合作社，主要从事鲜食玉米种植及推广，引进新品种新技术及组织收购等，为当地鲜食玉米发展作出贡献。公司在澄海有 500 多亩自有基地，同时带动澄海周边鲜食玉米种植 5 000 亩左右。与海南、福建、云南、广西、江西等地有合作种植收购。2014 年，胡宗明在海南成立海南亿农达种业有限公司，同年荣获"中国南方鲜食玉米十佳带头人"称号并担任鲜食玉米联盟南方分会会长一职，在全国鲜食玉米行业有一定的影响力。2017 年，公司加入汕头市澄海区江西商会，为带动家乡农民致富，2018 年在江西黎溪镇发展订单农业 1000 亩，2020 年已将订单种植面积扩大近几千亩，为鲜食玉米产业发展贡献了积极力量。2020 年，胡宗明成立广东汕缘农业发展有限公司。胡宗明多年的一线种植收购经验，得到了行业内和政府相关部门的认可，于 2021 年荣获广东省农业技术推广奖，2022 年荣获广东省农村乡土专家称号。

12. 大连鲜玉湾生态农业有限公司

大连鲜玉湾生态农业有限公司总经理许主仁自 1998 年开始进入鲜食玉米行业，从事生产、流通、加工、出口等工作，曾获"鲜食玉米产业流通领军人物"等称号。2000 年，许主仁开始从事鲜食玉米冷冻加工生产，为速冻糯玉米加工生产的规范和速冻糯玉米对韩国出口起到了积极推动作用。2012 年开始，公司转向甜玉米在东北的种植和推广，以温带高品质品种为主，推动打破南甜北糯的种植格局，丰富了东北鲜食玉米市场需求。同时也将北方甜玉米南销，补充了两广地区、江浙一带 8、9 月高温时甜玉米产品规格及品质下降、供应不足的缺口。近年来，公司深耕东北速冻玉米加工行业，从事品种测试、基地种植、加工工艺、市场营销等服务，计划 2024 年在大连建造样板试验型工厂，为新品种测试、推广、产品研发提供精准服务。

13. 遂宁市军华农业有限责任公司

遂宁市军华农业有限责任公司范国军自 2006 年开始推广京科糯 2000 玉米品种，种植区域包括广西合浦、柳州，四川遂宁市、射洪市、乐山、自贡、金堂等，产品销往北京、上海、广东、深圳等地。随着种植面积逐年扩大，种植户也通过京科糯 2000、农科糯 336、京科糯 768 等实现了增产增收，从南到北的消费者吃到了好吃的鲜食玉米。2016 年，范国军回到家乡，成立遂宁市军华农业有限责任公司，组建农业专业合作社，建成射洪市农副产品集散中心。目前，每年种植鲜食玉米 2 万多亩，带动了家乡 6 个扶贫村发展，为乡村振兴作出了贡献。

14. 沈阳盛发蔬菜批发市场批发商丁威

丁威是沈阳盛发蔬菜批发市场的鲜食玉米经营大户，从事鲜食玉米行业 26 年。2003 年秋，丁威在天津武清区沙河市场接触到糯玉米品种京科糯 2000，收货发往大连市场，自此找到鲜食玉米的经营方向，也进一步满足了东北市场对鲜食玉米口感上的需求。2004 年，丁威开始进军沈阳市场，京科糯 2000 是其建基地的第一个品种，其在吉林通化市通化县四棚乡三棚村、通化县二密镇正岔村、二密镇大连川村等地进行了大面积推广，后续又种植了甜加糯玉米、甜玉米、彩糯玉米等。种植多样化，产品高品质，激发了种植户的积极性，帮助农民增收，促进了乡村振兴。

15. 上海江桥蔬菜批发市场批发商李士强

李士强于 2009 年前往海南采收玉米，了解到京科糯 2000，开始引入上海市场销售。京科糯 2000 深受当地顾客的喜爱，从此李士强对海南省京科糯 2000 的销售热情增长，从 2009 年的日均销售 4~5 吨，到 2023 年日均销售 50~70 吨，年均交易额约 5 000 万元。合作的商超、零售商逐步增多，缔造了李士强在江桥蔬菜市场玉米销售的领先地位，也由此推动了海南省鲜食玉米的种植发展。

第十五章　中国鲜食玉米产业政策

农业是我国的立国之本。近年来，我国提出种植业结构调整、现代农业高质量发展等要求，并出台了一系列农业产业政策。本章重点对我国鲜食玉米生产支持政策、加工政策、流通政策等进行概述，以为产业进一步发展提供参考。

一、生产支持政策

2018 年中央农村工作会议、中央 1 号文件均指出要加快推进农业由增产导向转向提质导向，走质量兴农路子，提高农业优质化、特色化、品牌化水平。

《全国种植业结构调整规划（2016—2020）》提出，要扩大鲜食玉米种植。2016 年，农业部发布的《全国种植业结构调整规划（2016—2020）》指出，我国农业的主要矛盾已由总量不足转变为结构性矛盾，推进农业供给侧结构性改革，加快转变农业发展方式，是当前和今后一个时期农业农村经济的重要任务。应构建适应市场需求的品种结构。消费结构升级，需要农业提供数量充足、品质优良的产品。适应居民消费升级的需要，扩大鲜食玉米种植，为居民提供营养健康的膳食纤维和果蔬。经过几年的快速发展，2020 年，我国鲜食玉米种植面积已发展至 2 000 万亩以上，在种植面积、品种类型及数量方面都取得了重要进展。

2018 年农业农村部发布《关于大力实施乡村振兴战略加快推进农业转型升级的意见》，提出按照高质量发展要求，坚持质量兴农、绿色兴农、效益优先，加快转变农业生产方式，加快推进农业由增产导向转向提质导向，由总量扩张向质量提升转变，提高农业绿色化、优质化、特色化、品牌化水平，大力构建现代农业产业技术体系，加快推进农业转型升级。这为鲜食玉米产业发展提供了可靠保障。

二、加工政策

1. 加工生产政策

2016 年，国务院办公厅发布《关于进一步促进农产品加工业发展的意见》，指出以转变发展方式、调整优化结构为主线，以市场需求为导向，因地制宜、科学规划，发挥优势、突出特色，推动农产品加工业从数量增长向质量提升。支持特色农产品优势区重点发展"菜篮子"产品等加工，着力推动销售物流平台、产业集聚带和综合利用园区建设。引导城乡居民扩大玉米及其加工品食用消费。在推进多种业态发展方面，扶持农民合作社、种养大户、家庭农场等发展加工流通，将农产品加工业纳入"互联网＋"现代农业行动，引导农产品加工业与休闲、旅游、文化、教育、科普、养生养老等产业深度融合。在落实用地政策方面，将农产品加工用地列入土地利用总体规划和年度计划，认真落实农产品初加工用地政策，优先安排园区用地。支持农村集体经济组织以集体建设用地使用权入股、联营等形式与其他单位、个人共同兴办农产品加工企业。

2. 用地政策

2009 年，国土资源部印发了《关于调整工业用地出让最低价标准实施政策的通知》（国土资发〔2009〕56 号），其中明确以农、林、牧、渔产品初加工为主的工业项目，在确定土地出让底价时可按不低于所在地土地等别相对应标准的 70％执行。农、林、牧、渔产品初加工工业项目是指在产地对农、林、牧、渔业产品直接进行初次加工的项目，具体由各省份在《国民经济行业分类》（GB/T 4754—2002）第 13、14、15、17、18、19、20 大类范围内按小类认定。鲜食玉米产业发展项目中，符合上述条件的，可适用此项政策。

3. 多方面减税降费

财政部规定对农业生产者销售的自产农产品免征增值税，并允许加工企业购进免税初级农产品按一定扣除率计算抵扣增值税进项税额；从 2018 年 5 月 1 日起，销售农产品的增值税税率从 11％降至 10％；增值税一般纳税人从农民专业合作社购进的免税农产品，可按一定扣除率计算抵扣增值税进项税额；对农民专业合作社销售本社成员生产的农业产品，视同农业生产者销售自产农业产品，免征增值税；对企业从事包括玉米种植在内的农、林、牧、渔业项目取得的所得免征企业所得税；对个人或个体户、个人独资企业和合伙企业自然人投资者从事种植业、养殖业、饲养业、捕捞业取得的所得暂不征收个人所得税；对直接用于农、林、牧、渔业生产用地，免征城镇土地使用税；对纳税人承受荒山、荒沟、荒丘、荒滩土地使用权，用于农、林、牧、渔业生产的，免征契税；对农民专业合作社与本社成员签订的农业产品和农业生产资料购销合同，免征印花税；对国家指定的收购部门与村民委员会、农民个人书立的农副产品收购合同，免征印花税。

三、流通政策

2010 年，交通运输部会同国家发展和改革委员会、财政部联合印发了《关于进一步完善鲜活农产品运输绿色通道政策的紧急通知》，将马铃薯、甘薯、鲜玉米、鲜花生列入可享受鲜活农产品运输"绿色通道"政策的《鲜活农产品品种目录》。鲜食玉米若为未经深加工的产品，其整车合法装载运输的车辆可以享受绿色通道政策，免交车辆通行费。

四、支持新型农业合作组织发展

党中央、国务院高度重视发展农业合作组织等新型农业经营主体，多个中央 1 号文件都对支持农民专业合作社发展提出明确要求。农民专业合作社法规定，国家通过财政支持、税收优惠和金融、科技、人才的扶持以及产业政策引导等措施，促进农民专业合作社的发展。2017 年，中共中央办公厅、国务院办公厅印发《关于加快构建政策体系培育新型农业经营主体的意见》，对发展农民专业合作社事业作出突出贡献的单位和个人，按照国家有关规定予以表彰和奖励。加大对制度健全、管理规范、带动力强的国家农民合作社示范社及农民合作社联合社的支持力度，兼顾贫困地区省级农民合作社示范社发展绿色生态农业。

五、部分地区情况

1. 吉林省

2020 年，吉林省发布《加强鲜食玉米品牌建设加快鲜食玉米产业发展的实施意见》，指出要培育产业龙头、促进行业升级。一是要扶持壮大龙头企业，通过龙头企业的带动实行区域化、组织化、规模化、标准化生产。二是要培育产业发展联合体。发挥好政府、市场、行业组织和企业经营主体在品牌培育和产业发展中的作用，按照"政府引导、行业自律、企业自愿、品牌共享"的原则，推动以优质龙头企业及相关科研院所、协会组织为主体的吉林鲜食玉米协会建立和吉林鲜食玉米产业联盟重组。三是要强化产业科技赋能。围绕"品种优质、栽培提质、储加销稳质"，运用物联网、大数据、智能制造、区块链等新技术实现与鲜食玉米产业对接，真正实现鲜食玉米全产业链的标准化、自动化、智能化，构建现代化物流营销平台。四是要提升行业发展水平。鼓励鲜食玉米企业积极探索应用深加工技术，加大技术装备升级改造力度，促进鲜食玉米产品结构升级和梯次增值，为产业发展提供丰富的产品储备，满足不同消费人群的喜好和需求，实现鲜食玉米产业转型升级、健康可持续发展。

2. 河北省

2019 年，河北省农业农村厅印发《河北省鲜食玉米产业提质增效推进方案（2019—2022 年）》。方案提出，到 2022 年，全省鲜食玉米种植面积达 41 万亩，其中糯玉米 25 万亩，甜玉米 16 万亩，优质品种的应用普及率达到 100%。目前，河北鲜食玉米种植面积已达 120 万亩以上，并且在鲜食玉米加工、出口等方面均取得显著进展。方案提出按照资源禀赋、产业基础和技术水平，河北省重点建设冀西北糯玉米区、冀东甜玉米区、雄安糯玉米区、冀中南甜糯玉米区 4 个主要产区。

冀西北糯玉米区以张家口市万全区为核心，辐射带动周边怀安县、宣化区等。该区域集鲜食玉米新品种选育、种植与产后加工于一体，发展重点以糯玉米为主，兼顾甜玉米。同时，做大做强现有品牌，扩大产品种类和出口规模。

冀东甜玉米区以昌黎县和玉田县为核心，辐射带动周边乐亭县、丰润区、路北区、开平区等。该区域集鲜食玉米种植与产后加工于一体，发展重点以甜玉米为主，兼顾糯玉米。

雄安糯玉米区以保定市徐水区和固安县为核心，辐射带动周边清苑区、满城区、顺平县、安新县、定兴县、高碑店市、永清县、文安县等。该区域集鲜食玉米新品种选育、种植与产后加工于一体，发展重点以糯玉米为主，兼顾甜玉米。

冀中南甜糯玉米区以正定县和邯郸肥乡区为核心，辐射带动周边定州市、行唐县、唐县等。该区域集鲜食玉米新品种选育、种植与产后加工于一体，发展重点以甜玉米为主，兼顾糯玉米。

3. 云南省

2018 年，云南省人民政府发布《关于建立粮食生产功能区和重要农产品生产保护区的实施意见》，意见提出调整优化产业结构。根据市场需求，加快"两区"产业结构调整，不断优化产品供给结构、提高质量，满足城乡居民消费升级需求。在玉米生产功能区适度调减普通籽粒玉米，因地制宜发展青贮饲用玉米和甜糯玉米，同时在财政、金融保险等方面给予大力支持。

4. 北京市

《北京市"十四五"时期农业科技发展规划》（京政农发〔2021〕138 号）提出，要"开展加工专用型、营养强化型、宜机化、多抗性的玉米新品种培育，重点加大蔬菜、西瓜、鲜食玉米等专用特色品种选育"。同时出台了《关于做好 2023 年全面推进乡村振兴重点工作的实施方案》《北京市关于加快推进农业中关村建设的十条措施》《北京市平谷区"博士"农场创建工作实施方案》等一系列支持政策，支持鲜食玉米种质创新、品种培育及产业化推广等全产业链发展。

第三篇 中国鲜食玉米种业及产业发展展望

2023全球鲜食玉米种业及产业发展报告

第十六章　中国鲜食玉米产业存在的问题

一、技术方面

1. 育种研发不能满足现实需求

我国生态环境多样，又是多民族国家，消费习惯差异大。鲜食玉米从分类上看包括甜玉米、糯玉米、甜加糯玉米等不同类型，在用途上分为鲜食、不同加工产品等品类，我国鲜食玉米种植面积在 2 600 万亩以上，已成为全球最大的鲜食玉米生产国，在品种研发上已处于国际先进水平，特别是糯玉米和甜加糯玉米领域，处于国际领先水平。但还应看到，随着消费及饮食结构转变，市场在不断产生新的需求，鲜食玉米若持续满足市场多元化的需求，还有差距。

另外，消费者对转基因品种及产品并不能完全接受，特别是鲜食玉米其消费用途、食用方式等与籽粒玉米不同。因此，转基因、基因编辑等技术在鲜食玉米育种中应用并不成熟，相关品种及产品是否能走入市场还不明确。

2. 配套种植生产流通技术还不完善

虽然玉米种植在我国已经成为广谱化产业，众多农户及小型企业均可种植，表面上看没有较强的技术障碍。但是鲜食玉米与大田作为粮食种植的玉米在种植要求、田间管理、采收时间等方面均有不同，特别是大面积规模化种植时的播期安排、肥水管理、病虫害管理、采后销售、加工等方面均需要提前制订整体种植和产销规划。目前，我国鲜食玉米仍存在种植管理不规范，产品质量不稳定，统一的产品检测标准尚未制定，包装、冷藏、运输缺乏统一的行业规范的问题，真正做到产业转型升级还需要各方共同努力。

3. 同质化、套牌侵权严重

近年来，随着我国品种管理制度改革的不断深化，品种试验渠道进一步拓宽，释放了企业创新活力，激发了企业创新动力，新品种选育取得重要突破，一批高产、绿色、优质、专用品种脱颖而出，为保障国家粮食安全和重要农产品有效供给提供了重要支撑。但是，"品种多""同质化""仿种子"等问题在一定程度上影响到种业健康发展，鲜食玉米行业品种未审先推、套牌侵权、多、杂、乱等市场乱象依然突出。

4. 收获机械化程度较低，成为新的"卡脖子"问题

由于鲜食玉米籽粒含水率高达 60％以上，采用普通玉米机械收获方式容易造成果穗和籽粒破损，失去商品价值。目前，美国甜玉米已基本实现全部机械化收获，而我国鲜食玉米仍多采用人工收获，加上成熟期比较集中，对收获时间要求较高，受劳动力资源和价格所限，不但提高了种植成本，而且影响了鲜食玉米种植规模的扩大。因此，鲜食玉米机械化收获成为降低种植成本的"卡脖子"问题。

5. 产业化水平较低

我国鲜食玉米产业发展较快，但是各地产业化程度水平总体偏低。种植生产中小农户为主，缺少生产规模大、辐射带动强、产业化程度较高的合作社、种植大户和龙头企业；机械化种植收获水平较低，南方地区主要以人工采收为主；产后储运和保鲜环节以及产品类型和渠道的拓宽也亟待加强；冷链建设不足，流通环节面临挑战。

二、加工方面

1. 深加工力度不足

我国 80％的加工企业主要生产速冻甜玉米、糯玉米粒、玉米段，真空包装甜玉米、糯玉米穗等初级产品，加工类型不够丰富多样，产品形式单一、存在同质化，降低了企业竞争力，缩小了企业利润空间，且很难维持企业全年生产的需求。同时，规模化龙头加工企业少，小规模企业的加工技术、加工设备、加工质量亟须提升。

2. 品牌化程度低，竞争力不强

目前，我国鲜食玉米产品品牌屈指可数，品牌知名度较低，特别是甜玉米在国际上竞争力不强。鲜食玉米产业持续发展，必须发挥品牌引领作用。实施品牌化，才能做到优质优价，同时提高我国鲜食玉米产品出口数量和质量，提高在国际上的知名度和影响力。

三、销售方面

1. 季节性生产过剩矛盾突出

我国鲜食玉米发展仍然面临着季节性生产过剩、库存压力过大的难题，一旦各个产区集中上市，鲜食玉米上市"撞车"，滞销现象时有发生，市场行情不稳定。各区域种植分散，全国产区未能有效形成合力。此外，农民和租地大户盲目跟风，大面积规模种植鲜食玉米，加之对市场不了解，种植面积激增。产品品质难以保证，对末端消费群体开发不够。消费者购买的鲜食玉米与刚采收的品质往往有很大差距，达不到消费者的愿望。对旅游、休闲、贸易、服务等方面开发不够。

2. 农民获取市场信息渠道少

从种植者角度来看，由于我国鲜食玉米种植还存在零散、规模化程度不高的问题，有相当一部分农户种植没有销售渠道，或不能提前做好销售规划，盲目种植，容易产生产品积压，得不到有效处理，导致种植效益低下。

第十七章　中国鲜食玉米产业发展建议

一、生产发展建议

1. 坚持质量兴农，推进鲜食玉米产业高质量发展

2023 年是我国加快农业强国建设的第一年，是全面实施乡村振兴的第三年，当前我国鲜食玉米应在种质资源、育种技术研究与利用等方面加快创新，加大研发力度，统筹产量、质量和营养目标性状，创制适应我国生态区种植的突破性鲜食玉米种质，特别是优良甜玉米种质，选育更多营养元素多、食用口感好、外观品质优的鲜食玉米新品种，为满足我国市场多元化需求和促进农业强国建设提供科技支撑。根据我国生产实际和消费习惯，鲜食玉米的发展应该以糯玉米为主、甜玉米为辅，将甜加糯类型品种作为一个发展重点，同时甜味糯、香味糯、营养强化型等多品类全面创新发展，并加速一二三产业融合发展。

2. 加强机械装备研发，提高现代化水平

我国农业生产进入机械化为主导的新阶段，主要粮食作物耕种收综合机械化率均超过 80%。鲜食玉米也应顺应这一新变化，由"良种良法"结合向"良法良种"结合转变，育种方向在传统目标的基础上，也要注重收获等环节由手工作业向机械作业转变。要大力推进收获机械研发制造，改进农艺配套技术，降低生产成本和收获损失。促进鲜食玉米区域化布局、规模化生产、社会化服务，推广农牧结合，实现绿色发展，提升生产现代化水平。

3. 拓宽销售渠道，提升种植效益

一是根据我国鲜食玉米生产现状，加大鲜食玉米市场相关信息报道的范围和途径，并完善报道时效性，增加种植者，特别是小型农场和基地、种植散户等获取市场信息的渠道，尽量做到按需种植、订单种植，打通种植者与优质收

购商之间的壁垒，让种植户收入"无疫情"，并提高种植效益，维护种植积极性。二是从我国当前销售渠道来看，鲜食玉米销售方式主要有商业机构对商业机构（B2B）的批发型销售、商业机构对消费者（B2C）的互联网销售、种植户对用户点对点（P2P）销售。其中批发型模式正逐渐被互联网和点对点销售模式取代。随着互联网技术的发展以及"互联网＋"的广泛应用，应大力发展互联网电商、社群团购、社交电商销售等成为今后的新型销售方式，可实现种植区周围 24 小时内从田间到餐桌的快速供应，缩短了流通时间。三是电商、物流等的快速发展，也促进了全国范围内鲜食玉米的循环流通，如海南、云南等反季节种植的鲜果穗可通过电商、物流运输到北方，速冻、真空包装等产品更是可在全国范围内流通，实现鲜食玉米周年供应。

二、种业创新发展建议

1. 加强种业创新，提升科技实力

加强自主创新，突破关键技术，重视基因编辑、DH 双单倍体等技术在鲜食玉米育种领域的深入研究与应用。重点围绕鲜食玉米产业发展需求，在品质、产量、营养元素等性状的目标基因挖掘、分子机制解析、功能验证与分子标记开发应用等方面加强研发，创制目标性状突出、综合性状优良的突破性种质，培育综合化、特色化、营养强化、专用化的不同类型品种，并及时将技术和创新成果进行专利保护，获得一批核心专利。注重对国际种业巨头，特别是在甜玉米核心技术研发、产品应用等方面进行跟踪，了解其研发重点和热点，保持国际视野。

2. 加强鲜食玉米种质资源保护和利用

种质资源是育种创新的基础。我国是糯玉米起源国，地方种质资源丰富，但对鲜食糯玉米种质资源的收集与利用并不充分，很多特色性种质没有被开发利用，或虽然利用，但范围局限，未发挥出其育种价值。应加强对我国特色化糯玉米种质的收集、整理与开发利用，关注国际上优质甜玉米种质的发展，并利用现代生物技术，从中鉴定发掘一批优异种质和优异基因，让种质资源真正用起来。

3. 多种创新主体协同发力，推动鲜食玉米育种产业化

在种质资源利用、品种开发、种子生产、产品流通及产业化推广等全产业链环节，支持成立创新联合体，建议构建国家鲜食玉米种业及产业创新体系，

进一步加大科研院所、高校、企业等多方面科研力量优化配置和资源共享，把更多的科研团队、优秀产品、先进技术聚焦到鲜食玉米产业。进一步加强育种、示范、推广、种植、物流、销售、加工等环节的政策配套，确保鲜食玉米全产业链的健康发展，加快我国鲜食玉米产业化进程。

三、加工产业发展建议

1. 加强冷链物流建设，提高储运保鲜水平

鲜食玉米因其"鲜"而广受市场和消费者欢迎，也因其"鲜"决定了该产品的货架期属性。我国 60%～70% 的鲜食玉米用于市场鲜果穗销售，为适应当前城乡居民消费需求，应根据鲜食玉米不易储藏、自然保鲜期短的特点，加强储藏保鲜和冷链物流设施建设、储运技术的推广普及。2020 年农业农村部发布《关于加快农产品仓储保鲜冷链设施建设的实施意见》，支持新型农业经营主体建设仓储保鲜冷链设施，从源头加快解决农产品出村进城"最初一公里"问题，减少农产品产后损失，提高农产品附加值和溢价能力，促进农民稳定增收。

2. 提高产业加工水平，提升产品竞争力

我国约 30% 以上的鲜果穗用于加工。需加强我国鲜食玉米加工企业在加工产品品类、龙头企业培育和带动、产品质量、行业监管等方面的建设，特别是大力扶持发展一批鲜食玉米加工龙头企业，大力培育鲜食玉米流通经纪人和流通商，筑牢生产与消费者的桥梁，并形成产业带动。支持和扶持建立冷藏、加工等基础设施建设，以解决种植收获集中与常年均衡供应和保持鲜食玉米品质之间的矛盾。同时应大力研发鲜食玉米净菜、营养健康饮品、深加工提取等新型加工技术，丰富鲜食玉米预包装产品品类，提升产品附加值。提高我国鲜食玉米加工能力，将有助于提升我国鲜食玉米产品在国际上的竞争力。

四、消费市场建议

1. 加强品牌建设，发展品牌经济

当前鲜食玉米发展应加强品牌建设发展规划，加强顶层设计和系统布局，构建适应当地区域的公用品牌传播体系、质量管理体系等，并融合新媒体传播

矩阵等载体和平台，加强一二三产业融合。通过技术创新、质量提升、制定标准规范、市场营销、特色产品认定等，培育一批具有自主知识产权和较强市场竞争力的鲜食玉米企业品牌和产品品牌。并通过质量安全追溯、产品标准化等手段稳定鲜食玉米市场口碑。要加强地域性特色资源挖掘，打造特色鲜食玉米地域品牌。

2. 加强科普宣传，引导良性消费

加大科普宣传力度，大力宣传鲜食玉米独特的营养价值和健康的消费方式，营造消费氛围，扩大消费群体。此外，目前鲜食玉米的营养功能、对人体健康的影响以及如何消费、消费多少更有利于人体健康都缺乏系统的科研实证。为此，要加强鲜食玉米营养健康科研攻关，开展不同类型鲜食玉米营养干预研究，挖掘鲜食玉米营养功能成分，开发针对细分人群的定制化营养功能产品，推动企业建立营养标签，更好地引导鲜食玉米市场消费。

五、加强产权保护，营造良好种业生态

2021 年 12 月，我国通过了关于修改《中华人民共和国种子法》的决定。此次修改以强化种业知识产权保护为重点，建立实质性派生品种制度，扩大植物新品种权的保护范围和保护环节，完善侵权赔偿制度。知识产权保护、市场监管已成为种子管理的重中之重。加大品种保护力度、净化种子市场，将促进和激励鲜食玉米种质、品种创新，而模仿育种、同质化品种将受到制约，及早关注新规、研究新规、适应新规、使用新规，牢固树立知识产权保护意识，是对鲜食玉米产业鼓励创新、促进发展的动力，有助于促进我国种业高质量发展。

第十八章　中国鲜食玉米产业展望

一、品种更加优质化、多元化、营养强化

未来，鲜食玉米以营养为导向，在统筹产量、质量的同时，关注营养目标性状；更加注重可持续性和技术创新，综合利用常规和现代生物育种技术，特别是基因编辑技术在种质创制中的应用，实现高效和精准育种，选育更多营养元素多、食用口感好、外观品质优的鲜食玉米新品种。进一步提升优质甜玉米种质及品种的自给率，继续保持我国糯玉米和甜加糯玉米在国际上的领先优势地位和产品竞争力。

二、配套技术更加绿色化、机械化、智能化

为解决劳动力成本，以及人们对绿色安全食品的需求，未来鲜食玉米生产将围绕鲜食玉米的自动化移栽、标准化作业、绿色生产防控、采后冷链保鲜储藏等方面开展联合攻关，农机与农艺进一步融合，智能农业实践和供应链管理技术进一步增强，促进优良品种、栽培技术和机械装备的集成配套，实现从播种到采收的全程机械化作业。使农业新质生产力得到充分发展，农业转型升级加速推进，农业农村现代化水平显著提升。

三、加工产品更加细分化、新颖化、品牌化

随着电商、物流技术发展，以及年轻消费群体引领性消费的优势，鲜食玉米已突破季节性限制，实现周年供应，加工产品比例会进一步提升。除普通型加工产品外，更便捷化、新颖性的精深加工的高端类产品如玉米饮料、玉米果

冻、玉米冰淇淋类等会进入市场，满足不同消费需求。创建具有市场影响力和知名度的鲜食玉米品牌，将鲜食玉米高端产品的生产及品牌建设、冷链储运、加工产品工艺改良、鲜食玉米营养评价指标体系建设等作为重点，通过好品质、好品牌和好产品，来提升鲜食玉米的附加值，提升市场竞争力和市场价值。

四、消费趋势更加普及化、个性化、主食化

随着居民收入水平不断提高以及营养健康理念普及，食物消费结构不断优化，消费需求向健康化、多元化、个性化转型升级。鲜食玉米消费市场已由城市为主，扩展到城乡并举，消费群体不断扩大，消费习惯也将更加主动。国家食物与营养咨询委员会主任陈萌山在 2023 年中国种子大会暨南繁硅谷论坛中提出，进行一场新的"早餐革命"，"一杯牛奶、一个鸡蛋、一截玉米"，让更鲜甜、更营养、更便捷的鲜食玉米进入老百姓的早餐。2024 年，他提倡大力推动鲜食玉米主食化发展，充分发挥作为"黄金谷物"的鲜食玉米的营养功能，满足城乡居民营养健康需求。

五、鲜食玉米种业及产业进入高质量发展新阶段

通过优异种质及品种创新、绿色生产流通技术集成，加工产品细分及品牌建设，科普宣传及普及化消费引导，我国鲜食玉米种业及产业将进入高质量发展新阶段，鲜食玉米种植面积将进一步提升，2030 年达到 3 000 万亩以上，从鲜食玉米产业大国成为产业强国，更加有力有效推进乡村全面振兴，走出一条具有中国特色的高质量发展之路。

图书在版编目（CIP）数据

2023 全球鲜食玉米种业及产业发展报告 / 北京种业协会，北京作物学会组编；赵久然主编. -- 北京：中国农业出版社，2024. 9. -- ISBN 978 - 7 - 109 - 32441 - 1

Ⅰ. F316.11

中国国家版本馆 CIP 数据核字第 2024ZW7408 号

2023 全球鲜食玉米种业及产业发展报告
2023 QUANQIU XIANSHI YUMI ZHONGYE JI CHANYE FAZHAN BAOGAO

中国农业出版社出版

地址：北京市朝阳区麦子店街 18 号楼
邮编：100125
责任编辑：廖　宁
版式设计：书雅文化　　责任校对：周丽芳
印刷：中农印务有限公司
版次：2024 年 9 月第 1 版
印次：2024 年 9 月北京第 1 次印刷
发行：新华书店北京发行所
开本：787mm×1092mm　1/16
印张：10　　插页：2
字数：170 千字
定价：298.00 元

不同类型鲜食玉米

白色糯玉米

白色甜加糯玉米

黑色甜玉米

彩色糯玉米

黄白色甜玉米　　　　　　　　　　　　　　黄色糯玉米

黄甜玉米

紫色糯玉米

我国鲜食玉米代表性品种

万糯 2000

京科糯 2000

彩甜糯 6 号

广良甜 27

农科糯 336

天贵糯 932

京科甜 608

申科甜 811